Schäm dich, Europa

Wolfgang Maria Siegmund

Schäm dich, Europa

~

Meer-Ethik in Anbetracht
der „Herzenge" von Gibraltar

styria premium

Für meinen Vater,
der mir schon früh das ver-MITTEL-nde MEER
gezeigt hat

Inhalt

Vieles, woraus der Westen berechtigt seinen Stolz bezieht, seine frühen Erkenntnisse in Wissenschaft, Philosophie und Kunst – und damit die Ursprünge seines Wertesystems – hat er den Bewohnern beiderseits des Mittelmeeres zu verdanken. Unter dieser gemeinsamen Sonne, für Platon das sichtbare Symbol für das Gute, wurden die Schrift, die Zahl, das Geld erfunden. Ja, die ersten Meister der Philosophie lebten und lehrten allesamt in der heutigen Türkei. Es ist arabischen Übersetzern zu verdanken, wenn wir heute die Schriften des Aristoteles in Form von günstigen Reclambüchern in Händen halten; der Bewässerungskunst der Mauren, wenn wir abends in Tomaten beißen, deren Haut nach Südspaniens Neusklaven schmeckt (ein Fortschritt, dessen Nichteintritt leicht zu verschmerzen wäre). Und ganz ohne den Auftritt des jüdischen Lennons der Levante hinge in unseren Schulen noch immer das Porträt vom Goldenen Kalb. Doch den Anfang unseres Begreifens provozierte die glitzernde Weite dieses Meeres, das uns alle das Staunen lehrte, gemeinsam fragend in dieser Welt zu stehen.

Umso beschämender der Umstand, wie sich Europa, nach Erhalt all dieser Gaben, mit einer Mauer der Abwehr vor seinen südlichen Ideenspendern, seinen Nachbarn verschließt. Das Abendland nimmt es somit in Kauf, die lebenserhaltende Blutbahn des Kreativen zu kappen, die „Herzenge" von Gibraltar noch weiter zu schließen. Die sokratisch-ethische Präambel, „es sei besser, Unrecht zu erleiden, als Unrecht zu tun", wird der endgültigen Austrocknung überlassen, ja auf den Kopf gestellt. Die Abwehr des Anderen läuft im Moment auf höchsten Touren, aber somit auch die moralische Gefahr für den Westen, im Schatten der untergehenden Sonne die eigenen Werte gleich mit zu begraben.

Davor hat schon vor Jahren Albert Camus, selbst ein Bewohner der anderen Meeresseite, in seiner radikal humanistischen Schrift über das „mittelmeerische Denken" gewarnt, vor dieser neuen Verrohung Europas. Ohne den notwendigen Austausch von Licht und Schatten, des Eigenen mit dem Andern und dabei immer Nemesis, die Göttin des Maßes im Blickpunkt, käme eine ethische Verwüstung auf uns zu. Diese Gedankenspur nimmt der Verfasser dieses Pamphlets, mehr Literat als Philosoph, noch einmal auf. Neben Camus lädt er drei weitere große Denker der Ethik auf sein fiktives Schiff: Jacques Derrida, geboren am „anderen Kap", Emmanuel Lévinas, der wohl radikalste Ethiker unserer Tage, und Giorgio Agamben, sie alle kommen mit an Bord für diese Zeitreise zu den Anfängen des Abendlandes, als das Gute seine erste Setzung hier empfing. Dabei schrammt ihr Schiff auch die Gegenwart. An westlichen Verbannungsinseln, für das Böse bis hinauf in unsere Tage geöffnet, zieht es vorbei. Alle vier Denker halten ein Puzzle einer Meeresethik in der Hand, doch dann ... Und dazu taucht noch ein Familienrätsel auf, eine Sache, worüber der eigene Großvater nie sprach ...

Das Buch wurde nicht für den alles wissenden Philosophen geschrieben, sondern für den interessierten Laien, der neben ernsten Fakten den Mix aus Literatur, Philosophie und Reisebericht nicht scheut. Doch auch hier werden dem Zorn, den ein Pamphlet einfach braucht, zum Ausgleich die Selbstironie und das Augenzwinkern als Maß zur Seite gestellt.

Alle nichtkursiven Dialoge der philosophischen Bordbesatzung sowie die Figur Stane entspringen der Fantasie des Verfassers.

I. STAPELLAUF ODER „AUF DIE SCHIFFE, IHR PHILOSOPHEN!"

Abb. I

„(…) eine neue Gerechtigkeit tut not!
Und eine neue Losung! Und neue Philosophen! Auch die moralische Erde ist
rund! Auch die moralische Erde hat
ihre Antipoden! Auch die Antipoden
haben ihr Recht des Daseins. Es gibt
noch eine andere Welt zu entdecken
– und mehr als eine! Auf die Schiffe,
ihr Philosophen!"[1]

Auch wenn der Verfasser dieser Arbeit – mehr Literat als Philosoph – sogleich dem Aufruf Nietzsches folgen möchte, so sei man nicht enttäuscht: Es werden bestenfalls Papierschiffe sein, Dreimaster aus zerkauten Bleistiftenden, die mit ihm auslaufen, um danach über selbst entworfene Karten zu kreuzen, über Skizzen und Entwürfe der nautischen, der geophilosophischen Unmöglichkeit. Es erwartet uns keine Reise in den vergnüglichen Kreis der Sonne, denn manche dieser Tiefen, auf die wir stoßen, entstammen keiner natürlichen geologischen Gegebenheit, sie wurden und werden vom Westen eigenhändig geschürft. Im besagten Fall handelt es sich um einen Riss in der inzwischen gnadenlos gewordenen Vernunft Europas, ja um einen gewaltig und täglich wachsenden Trenngraben zwischen Nord und Süd, es handelt sich um einen moralischen Abgrund, der an seiner engsten Stelle 14 Kilometer Breite misst.

An dieser Stelle überlässt Europa die Schmutzarbeit einem Meer, mittels Tiefe, Kälte und Wellengewalt, das menschliche Strandgut aus Afrika verschwinden zu lassen. Und der aufgeklärte Kontinent sieht vom Festland zu ... Gegen diese „Herz-Enge" von Gibraltar, wie ich diese

Abb. 2

Passage hier bezeichnen möchte, wird also meine kleine Flotte anzusegeln haben, denn eine neue Gerechtigkeit, wie Nietzsche meint, tut in diesem Falle mehr als not.

Und der Verfasser bittet schon in dieser Einleitung um Nachsicht. Was die strenge, reine Philosophenlehre betrifft – er wird sich aus dem Werkzeugkasten der *poetischen Philosophie* zu bedienen wissen. Eine hybride Textgestalt sei damit gemeint, die stets auch aus dem Nebelhaften, Undeutlichen ihre Konturen bezieht. *Poetische*

Philosophie gedacht als Bastard, als Mischling, die gerade wegen ihrer unreinen Andersheit sich nicht abhalten lässt, das Große anzukläffen, hin und her strolcht zwischen beiden Lagern, je nach Laune. Denn der fast unleserliche Auftragsschein, weshalb wir hier sind, trägt nach wie vor keine Unterschrift, lässt jede Deutung offen ...

I.I Was im Grunde nicht hierher gehört – aber dennoch meinen Schreibgrund ausmacht

Meine zwei Meeresgründe, die mich zu dieser Arbeit führten, sind naiv, folkloristisch und reichen fast dreißig Jahre zurück. Man musste nur strahlend jung sein, keine 26 Jahre, einen olivgrünen Rucksack sein Eigen nennen, mit einer Schlafmatte obenauf, und schon war man Besitzer eines Interrailtickets, das einen, wie in meinem Falle, vom hintersten südsteirischen Dorf bis nach Fes kutschierte, für sehr wenig Geld. Einmal Afrika retour. Ich weiß noch, es war hellster Tag, als ich in Algeciras das Fährschiff nahm, doch mit jeder Meile wurde es scheinbar oder tatsächlich dunkler um mich. Tiefblaue Finsternis. Noch heute bin ich gegen jede Wahrheit der Uhr überzeugt, Tanger, das sagenhafte „sündig-morbide-libertäre" Tanger bei tiefster Nacht vom Meer aus erstmals erblickt zu haben. Vor mir das pulsierende, von einem unbekannten Rhythmus gesteuerte Aufzucken der Lichter, von Saiteninstrumenten begleitet, von denen nichts in unseren Musikbüchern stand. Ich meinte, ganz Afrika in diesem Moment authentisch zu spüren, zu hören. Eine irritierende Energie floss in meinen weiß-müden europäischen Bauch. Damals kam es mir nicht verwunderlich vor, dass die Stadt und ihre Bewohner vor meinen Augen denselben Auftritt hatten, so exotisch, urban und wild, wie ich über sie zu Hause gelesen hatte, zwischen sanften Weingärten, rabiaten Traktoren und alten Männern in ihren Gummistiefeln. Ich wusste nicht, dass ein festgelegtes, starres Bild vom Anderen mit mir auf Reisen ging. Mit allen Vorurteilen, mit allen Klischees.

Ich sah, was ich gelesen hatte, ich war nicht imstande, mir die fremden Buchstaben aus den Augen zu reiben, um selber zu sehen. Und mit jedem Näherkommen kochten die Gerüchte an Deck. Harmlose Jungs aus Düsseldorf kramten auf einmal riesige Bowiemesser aus ihrer Armytasche hervor, andere meinten, ohne ihre tragbaren Wasserfilteranlagen gingen sie niemals von Bord, denn im Ostteil der Stadt, da stechen sie dich ab, während sie dich im Westteil bloß vergiften. Wir waren strahlend jung, keine 26 und hatten von *„post-colonial-studies"* noch nichts gehört. Scheu, wie ausgesetzte Katzen, die in einem Käfig voller Wölfe ihren Nachtplatz zu suchen hätten, tappten wir durch das nachtgrelle oder tagdunkle Weiß der Häuserstraßen, vorneweg ein zentnerschwerer Judoka mit Vaters Leuchtgaspistole im Sack.

Als wir uns am nächsten Morgen wieder trafen, wir, die wir mit unseren olivgrünen Rucksäcken aus ganz Europa kamen, waren wir mehr als erstaunt, dass keiner fehlte, jeder die Nacht überlebt hatte, nichts geschehen war. Im Gegenteil, unsere Hotels waren sauber und günstig, die anderen Menschen überraschend nett. Tage später, wieder am anderen Kap, in der sicheren Nestwärme Europas ... Ganz friedlich schlief jeder von uns in den Ecken der Bahnhofshalle von Lissabon ein. Als wir uns am nächsten Morgen an den Schaltern trafen, waren wir mehr als erstaunt, die Hälfte von uns hatte man ausgeraubt, mit Messern bedroht, ein Dutzend Rucksäcke fehlten. „Und was das Irritierendste daran ist", meinte der zentnerschwere Judoka mit der Leuchtgaspistole, „diese verdammten Hunde waren alle so weiß wie wir ..."

I.2 Die zweite Untiefe

Als ich in den Monaten darauf meine ersten Gedichte zu schreiben begann und mich wie die meisten bei der Wahl: Sartre oder Camus für den letztgenannten entschied, las ich in *Der Mensch in der Revolte* erstmals jenen Begriff, der mich in den nächsten Jahren nie mehr loslassen sollte:

Das Mittelmeerische Denken. Damals wusste ich nicht, was damit gemeint war, jenes Maßhalten, jener Ausgleich von Schatten und Licht. Dennoch bergen diese drei Wörter alles in sich, was ich damals wollte: Schreiben am Meer, leben am Meer. Eine freie Schriftstellerexistenz führen unter der prallsten Sonne. Am besten in Tanger oder notfalls in Tipasa. Auf die Schiffe! Mittelmeerisches Denken: Das war jährlich auf den Kykladen vor Tavernen sitzen, im pissoirgrünen und natürlich kragenlosen Hemd aus dem steif gebügelten Besitz der Großväterschaft, das war mit Renaissancebüchern aus dem Verlag Wagenbach durch südlich verlassene Kirchen streifen, auf der Suche nach einem noch unentdeckten Piero della Francesca, das war ein Leben ohne jeden Riss, ohne jeden Schatten und mit Texten, die man sich aus dem geliebten Meer erbeutet.

Viele Jahre später nahm ich das Buch aus reiner Nostalgie wieder zur Hand, blätterte zurück zur besagten Stelle: Und plötzlich umgab mich diese taghelle Dunkelheit, wie damals in Tanger. Unter der besagten Überschrift meiner damaligen Sehnsucht las ich nun Camus' überaus leidenschaftliche, schmerzvolle Abrechnung mit Europa, seine Warnung an die westliche Demokratie, nicht ins Diktatorische, Totalitäre abzuleiten. Er sprach von dem, was nach der Sonne kommt, er sprach von ihrem Rücken aus, er redete von dem, worauf sie nicht fiel. Er sprach von Folterkammern in den Kellern der Demokratie, von Schreibern, die zu all dem schwiegen, und das beunruhigende Gefühl umgab mich: Er redete auch von mir. Von einem, der monatlich die deutschsprachige Ausgabe von *Le Monde* ins Haus bekam und donnerstags *Die Zeit*, damit die Zeit verginge, gleich wie der frühe Zorn, denn auch der war längst in mir verflossen.

Doch diese Wieder-Lektüre war ein Schlag in mein Schamgefühl, die Seiten drückten mich tief in mein auf Eis gelegtes Dagegensein. Ich hatte also in all den Jahren den Text nicht verstanden. Ich vernahm nur die gleißende Überschrift, das mittelmeerische Denken, jene drei Sehnsuchtswörter, alles Übrige hatte ich ausgeblendet. Gleich wie Meursault, der Held in *Der Fremde*, der seine Menschlichkeit nicht mehr erkannte, weil ihm am Strand die Sonne dazwischenkam, hatte auch ich nichts gesehen. Und es war wie damals am Fährschiff nach Tanger, wo ich mit jugendlicher Unbekümmertheit über ein kommendes Grab spazieren fuhr. (Die Dunkelziffer spricht bereits von weit mehr als 15000 toten Migranten.) Nur dieses Mal sah ich nicht etwas vor mir, was ich gelesen hatte, sondern las etwas, was ich in all den Jahren in diesem weiten Blau nicht gesehen hatte: die Rückseite des Meeres, die Nachtmeerfahrt, die Katabasis, den Moment, wo der Mittag des Menschseins mit einem Handstreich erlischt.[2] Camus' textliche Wunde aus dem Jahre 1951 zog sich in schwarzen Lettern über das Blatt, ja seine dunkle Prophetie riss in mir die Fragen der Fragen auf ...

I.3 Neben Oliven & Landwein sind in diesem Falle die Fragen der wichtigste Proviant

Was ist also nur mit diesem Meer geschehen, diesem „Meer-Denken", dem wir Europäer alles zu verdanken haben, die Schrift, die Zahl, Logos und Mythos? Das alte Schmelzwasserbecken, das stets gefüllt war mit jüdischen, christlichen, islamischen Tropfen, dieser Vermittler inmitten aller nur denkbaren Gegensätze ist plötzlich zu einem ständig überwachten Grenzort geschrumpft. Gibt es für diesen noch immer schönen verwitterten Umschlagplatz der Ideenkreuzung eine dritte Renaissance? Eine neue Gerechtigkeit, eine neue Ethik, einen moralischen Entwurf, der nicht mit seinem Anspruch universeller Umarmung abermals die Schwächsten erdrückt? Ergibt dieser westliche Werte-Hegemonialismus noch Sinn, wenn in seinem Namen

Abb. 3

unentwegt neue, vermeintlich gerechte Kriege entstehen? Kann nicht irgendwann eine Ethik im Kommen sein, die sich bewegt, die mit Außenbürgern Fuß an Fuß, Hand in Hand flüchtet, läuft, die sich nicht fortstiehlt, sondern bei ihm, beim Letzten bleibt? Ist eine *transportable Ethik*, wie sie der Verfasser hier nennen möchte, denkbar?

Die Zeit drängt, auf die Schiffe, ihr Philosophen. Ich werde in diesem Fall nur Berichterstatter sein, ein Leichtmatrose am Deck der „Neuen Gerechtigkeit". Es wäre verrückt und zugleich vermessen, ginge ich bei dieser waghalsigen Mission alleine an Bord. Und da die Namen auf den Büchern ohnehin sich stets auf Reisen befinden, in unseren Taschen, Koffern, Citybags, fällt es mir nicht allzu schwer, eine Anzahl von radikal erlesenen Denkfiguren an Bord zu holen, sie virtuell an Deck zu bitten. Bedingung ist nur: Es müssen radikale Denker der Ethik sein, Überdenker der anderen Seite, des Ausgegrenzten, also auch vom algerischen Ufer. Deshalb bitte ich natürlich Albert Camus an Bord.

Nun zum nächsten Gast und Missionsbegleiter: Jacques Derrida. Hier gibt es einiges, was die beiden *pieds noirs* vereint, wie die großen Franzosen ihre „Kleinen von drüben" abwertend zu nennen pflegten. Das reicht weit über Kindheitserinnerungen hinaus, wie die gemeinsame frühe Liebe zum Fußballspiel auf den rotkargen Plätzen von Algier. Es war überraschend für mich, auf keine einzige namhafte Untersuchung gestoßen zu sein, die sich mit der Ähnlichkeit dieser zwei Anderen befasst. Denn sie beide kannten nur allzu gut die schmerzhafte koloniale Überfahrt von Algier nach Marseille. Auf dieser Schreibfahrt wird also vom maghrebinischen Derrida die Rede sein, von jenem Mann vom anderen Kap.

Doch was wäre eine Mittelmeerfahrt ohne einen echten Rabbi vom östlichen Ende des Gestades, einem Gelehrten, der zwar rein körperlich in Frankreich lebte, aber was sagt das schon ... Sein Werk birgt die wohl radikalste Ethik der postmodernen Zeit. Sein Hauptwerk *Totalität und Unendlichkeit* lässt er mit einem äußerst mysteriösen Satz beginnen, den ich in meinem Logbuch untersuchen werde: *„Das wahre Leben ist abwesend. Aber wir sind auf der Welt."* Emmanuel Lévinas, der Doyen des anderen Denkens, den zeitlebens eine tiefe Freundschaft mit Derrida verband.

In Rom schließlich holt sich das Schiff noch einen weiteren Passagier an Bord. Giorgio Agamben. Dunkelpoetisch spricht er die vernichtendste Kritik über das jetzige Europa aus. Doch auch er verfügt über einen Plan, dem Desaster zu entrinnen.

Dieses Aufeinandertreffen der Genannten ist nicht dem Zufall geschuldet, jeder der vier Männer hält ein wichtiges Puzzleteil bereit, für das Ausströmen, In-Bewegung-Setzen einer Mittelmeerischen Ethik, die sich im Gleichklang mit der Aristotelischen Handlungsethik für die „Untersten" dynamisiert.

Für die Besatzung gilt, und da steht sie im Widerspruch zu Nietzsche, dass sie nicht schon wieder eine andere Welt entdecken will, sondern im Gegenteil, sie will dem frierenden Anderen dieser blank gelegten Welt eine ethische Decke reichen, jenem Antipoden, der unverschuldet auf der unteren Seite der Welt zu stehen hat.

2. BORDNOTIZEN ZU DEN BIOGRAFIEN MEINER SCHIFFSBESATZUNG

2.1 Zu Monsieur Emmanuel Lévinas oder Die Unendlichkeit ist mitten unter uns

Müsste man das philosophische Werk von Emmanuel Lévinas mit wenigen Worten beschreiben, könnte ein Satz von Robert Musil hilfreich sein: „Die Reise an den Rand der Möglichkeit." Monsieur Lévinas würde in sanfter Rabbimanier dazu nicken und dabei eine

Abb. 4

kleine Korrektur vornehmen, die sein Werk so wundervoll schwer in seiner Leichtigkeit macht. Er würde sagen: „Reise an den Rand der Möglichkeit, ja, und danach wage die Reise darüber hinaus ..." Er hätte damit in keinster Weise übertrieben, im Gegenteil. Lévinas versteht sich in der Kunst, dem Bodenschweren, dem niemals Verrückbaren, dem Steindenken deutscher Gigantenschaft jene Spannbreite an Flügel zu verleihen, damit das Blei im Denken fliegt, damit es flirrt und lodert. Dieser Mann, ein moralischer Nietzsche aus Frankreich, der 1906 in Litauen geboren wurde und als erster Husserl ins Französische übersetzte, wird ein Zertrümmerer der sanftesten Art. Er wird ein zweiter Ikarus, der sich aus Klugheit der Sonne nicht nur nähert, nein, der mit ihr fliegt, auf ihr, in ihr. Nur einmal wird er stürzen, 1942–45 gerät er in die Gefangenschaft der Nazis. Dieses Deutschland wird er danach nie mehr betreten, dieses Deutschland, das die Seinen zu Tode gebracht hat. „Denn der Tod", wie er einmal sagen wird, „der Tod des anderen ist dein erster Tod."

Diese jüdische Kollektiv-Wunde, in keinem Exil des Exils sein zu dürfen, diesen Hiat wird er mit dem weißen Laken der Philosophie notdürftig verbinden, tagaus, tagein. Für ihn, für uns, für das Andere. Nie wird man ihn dabei klagen hören, nur der stampfende Rhythmus des Dagegenhaltens strömt auch noch aus dem neunzigjährigen Körper seiner Schrift. Die Unmöglichkeit denken, mit dem Denken darüber hinaus. Der Inhalt einer Vase kann größer als deren Umfang sein. Das sind die Werkzeuge seiner Zauberschaft.

Ich schlage sein Werk auf, *Totalität und Unendlichkeit*, und mit diesem Aufklappen nehme ich ungewollt den vordersten Platz an der Reeling ein. Hier beginnt die Meeresfahrt mitten hinein in das dichteste Staunen. Allein für diesen Eröffnungssatz hätte es sich gelohnt, das Lesen zu erlernen. Ein wundervoll zerrissener Satz, vollkommen in seiner komplizierten Einfachheit, wird uns, die Leser, hier erwarten. „DAS WAHRE LEBEN IST ABWESEND, ABER WIR SIND AUF DER WELT.“[3]

Doch dann nach einer Weile spüre ich den Hinterhalt und wie diese Wörter hart in meinen Nacken schlagen. Immerzu. Allein, die Umkehr dieser Aussage, dass ich die Anwesenheit eines falschen Lebens wäre, raubt mir für eine Weile den Atem, verweigert mir den Ausstieg. Wo will Monsieur Lévinas mit uns hin, ins wahre Leben, aber dort sind wir dann ja nicht mehr. Will er zu jenem Meridian, wo noch keiner war, in die fremdeste Fremde? Aber wer führt uns von dort wieder sicher zurück? Vor mir stößt sich das Meer immer weiter in den Himmel hinein und wird mit der Zeit zum anderen Blau.

Mit jeder Stunde dieser Fahrt gerate ich tiefer hinein in diesen Sog einer „Taghellen Mystik“. Vertrautes schleicht sich davon und kehrt als Frage wieder. Ermattung, ich schlafe ein. Mein Ich liegt immer bei mir. Dieses immer Bei-mir-Sein bezeichnet Lévinas als die „Totalität des Seins“. Ich ist für ihn nur ein vom Tod begrenztes Kreisen, das sich nur dann und wann aus den eigenen Ketten sprengt. Gibt es denn keine Flucht aus den Umrissen der eigenen Haut, frage ich mich. Gibt es denn keine Architektur des Seins, die mich abreißt, neu gestaltet? Monsieur Lévinas, könnte ich an dieser Stelle schreien, greifen Sie ein, tun Sie doch was! In *Die Zeit und der Andere* lese ich seine Meinung dazu:

> „Man kann zwischen Seienden alles austauschen, nur nicht das Existieren. In diesem Sinn heißt Sein, sich durch das Existieren isolieren. Insofern ich bin, bin ich Monade (...), bin ich ohne Tür und ohne Fenster."[4]

Ich ist also ein Ding, dem ich lebend nie entweichen werde. Eine große, schrecklich schöne Einsamkeit. Ich ist der Nachname meiner ewigen Gefangenschaft in mir. Ich frage mich, ich frage den Mann hinter der Schrift, ob nicht Sokrates, dieser allwissende Nichtwisser, eine Lösung hätte. Über meinen Vorschlag kann Monsieur Lévinas nur lachen, er flüstert mir zwischen den Buchstaben zu: „Bei Sokrates beginnt ja das Problem, es ist diese Stelle im Dialog *Alkibiades*. Dort fängt das Dilemma an."

Und ich blättere zurück, und das Schiff nimmt Kurs auf Athen. Mit jeder Seemeile nähern wir uns dem Marktgeschrei der Händler. Ich sehe, wie sich auf dem Rücken der Frauen und Sklaven Kisten stapeln, die sich schaukelnd durch die Agora bewegen. Auch wenn die Träger ein juristisches Nichts bedeuten, ihre Last bewegt sich doch. Vorbei an diesem abendländischen Zug der Ungerechtigkeit, der sich in mich einritzt wie der Geruch von Safran, Pfeffer, wildem Majoran. Zwischen hängenden Gänsen und Fischen, die in Salzlaugen liegen, wage ich mich näher an zwei Männer heran, die ganz erhaben durch die Menge schreiten. Der eine schön und eitel, der andere von einer Klugheit, die sich nur selten wäscht. Ich höre nur Wortfetzen, die Sokrates zu diesem Alkibiades spricht, ich höre nur, dass die Sorge um sich selbst, das *epimeleia heautou*, das Wichtigste sei. Dann käme lange nichts, dann käme erst der andere. „Finde das Selbst deines Selbst, das *auto to auto*. So wird alles gut und du, Alkibiades, wirst herrschen."

Das war soeben die völlig missglückte Geburtsstunde des Ichs", flüstert Monsieur Lévinas plötzlich im weißen Knitterleinen neben mir und fächelt uns mit seinem Panamahut keuchend zurück ins Heute. „Wie du siehst, sind Ich-Werdung und Herrschen ein kraftstrotzendes Brüderpaar, unter dem wir immerfort zu leiden haben", fügt er dann noch hinzu. Und über dem heutigen Athen, diesem erblindeten Auge des Philosophen, senkt sich die Zeit, da alle Läden schließen. Nervöses Hupen setzt ein, so von Auto zu Auto. Hinter verdunkelten Scheiben sieht man schwer gepanzerte Gesichter mit ihrer Tötungsabsicht ringen … Aber ich schweife ab …

Die Reise ins Rätsel Lévinas beginnt mit jenem Aufsatz, geschrieben im Jahre 1935. *De l'évasion*. Hier steckt der Grundgedanke, die Wurzel, die sich später zur prächtigen Platane erheben wird. Drei Jahre vor Sartre nennt er darin den Ekel als „die eigentliche Erfahrung des Seins", oder auch: „Das Übel zu sein" (*male d' être*). Das Sein als Last. Männer wie er spüren, was bald auf Europa zukommen wird: dieser Brandgeruch mitten aus dem Herzen der kantischen Ländereien. Und die Spitze der Windrose weist längst in Richtung Ekel, weist auf Leichengeruch und auf das gestiefelte Näherrücken der Nazis. Gleich wie Sartre denkt er an Ausbruch, aber wie kommt man aus diesem anonymen Sein, aus diesem „Es gibt", wie Lévinas es nennt? Und er hat einen Plan: Wir Seiende müssen aus dem Sein hinaus und dann noch einmal weiter. Descartes hilft ihm dabei. In seiner dritten Meditation[5] spricht er von der Idee des Unendlichen, die ein Mensch zwar nicht zu denken vermag, aber dennoch hätten wir ohne diese Idee keine Vorstellung darüber, wie endlich, wie unvollkommen wir sind.

Aber wo liegt diese Küste, dieses Jenseits des Seins, wie gelangt man dorthin? Ein Ich, das unentwegt das Fremde zum Eigenen macht, diese Aneignungsmaschine ist doch der verfehlteste Reisebegleiter dorthin. Aber mit wem sonst könnten wir reisen, außer mit uns? Und wieder stellt Lévinas eine Frage auf den Kopf. Er fragt nicht: Was ist das Sein? Er fragt sich: Wer ist das Sein? Wer steckt da in dieser Maske? Die deutsche Jemeinigkeit ist ihm zu wenig. Und er fordert, dass die Ontologie der Ethik als erster Philosophie zu weichen habe.

Diese Umkehr der Frage bildet den schmerzvollen Abschied zwischen Lévinas und Heidegger. Für Heidegger, der als Rektor eine Zeit lang das stramme Heil deckt, ist das neutrale Sein der heilige Gral. Nach seiner Lehre, die Lévinas trotz aller Gegensätze als Jahrhundertleistung schätzt, wird uns das Dasein – in dem unser Ich ein Leben lang suizidgefährdet steckt – vom großen, götterhaften Sein geschickt. Dieses Denken birgt für Lévinas keine Lösung. Er spürt zwar den Ekel, aber er hat im Unterschied zum Heideggermenschen keine Angst. In diesem Moment hilft ihm Platon weiter. Im Staat spricht dieser erstmals von einem Guten jenseits des Seins. Die Spur ist gelegt. Das Jenseits des Seins blitzt auf im Antlitz des Anderen. Das Jenseits des Seins liegt dort, wo der Andere ganz anders als ich seit Jahrtausenden wohnt.

Aber was führt mich da hin? Auf keinen Fall das Bedürfnis, meint Lévinas. Das Bedürfnis sei bloß ein Hunger, den man stillt. Unser Reisebegleiter sei das Begehren. Und so heißt es in *Totalität und Unendlichkeit*:

„Das Begehren ist Begehren des absolut Anderen. Unabhängig vom Hunger, den man sättigt, vom Durst, den man löscht, von den Sinnen, die man befriedigt."[6]

Aber damit eröffnet sich ein weiteres Problem. Es muss ein Land sein, in das wir wollen, und das wir doch niemals besuchen werden. Sonst wäre es kein Begehren. Das Begehrte muss unsichtbar bleiben. Das Gelingen des Begehrens liegt in seiner Unerfüllbarkeit. Doch dieses Land, Jenseits des Seins, liegt nach Lévinas nicht jenseits von uns. Aber was heißt das?

Tagtäglich taucht es im Antlitz des Anderen vor uns auf. Doch dieser Andere ist absolut und unentwegt anders als ich. Kein Alter Ego, wie noch bei Husserl, kein Du, wie bei Martin Buber. Ich und der Andere bilden nach Lévinas keine Symmetrie, beide sind nicht reziprok. Und so heißt die Lévinassche Losung: erst der Andere, dann ich. Aber er spricht hier nicht aus Frömmigkeit, und so wären wir beim nächsten Punkt seines paradoxalen Denkens. Unser Ich sei ein entfremdetes Ich, angekettet an sich selber. Und das macht den Schwindel bei der Lektüre von Lévinas aus – diese Entfremdung sei gut, äußerst brauchbar, wie er meint. Erst über die dritte Person, erst über das ER, SIE, ES, über den Anderen, wird unser kleines, unfertiges, ans Gitterbett geschnalltes Ich erwachsen. *Autonomie durch Heteronomie.* Dazu kommt noch: Dieser Andere verfügt über einen Ruf, den mein unfertiges Ich zu erfüllen hat, und der lautet: Du kannst und wirst mich nicht töten, deine Hand langt nicht in dieses Unsichtbare hinein. Es entzieht sich, wenn du es wagst. Diesen Ruf zu beantworten, mich zu äußern und somit einen Fuß ins Undenkbare zu stellen, bildet meine Verantwortung vor diesem Antlitz. Diese Denkfigur nennt Lévinas den Widerstand der Ethik. Und so schreibt er im besagten ersten Großwerk:

„Dieses Buch stellt die Subjektivität als etwas dar, das den anderen empfängt, es stellt sie als Gastlichkeit dar. In der Gastlichkeit erfüllt sich die Idee des Unendlichen. (...) Subjektivität ist Gastlichkeit".[7]

Doch das Mehr-Denken als man denken kann, hört hier noch lange nicht auf. Die Forderung in Form der Lévinasschen Überforderung greift noch weiter: Jeder kann für den anderen ein Messias sein. Muss es sein. Jeder von uns trägt die Verantwortung für die gesamte Welt. Trüge ein jeder von uns das Echo der Weltantwort ein Stück weiter, wäre die Last des Seins um vieles leichter. Doch es gibt eine Frage, die diese Ethik fast zerstört, in sich auflöst, in Unruhe versetzt: Der kürzlich verstorbene Philosoph Paul Ricœur hat sie gestellt: Was ist, wenn der Andere dein Henker ist, was geschieht dann? Seiner Aufforderung zu folgen, hieße freiwillig in den Abgrund zu gehen. Masochismus als Ethik? Auch auf diese Frage hält Lévinas eine Antwort bereit, die aber sein Schüler Derrida erst viel später entblößen wird. In die Paarung von Angesicht zu Angesicht, zwischen mir und dem Andern gesellt sich immer auch die Gestalt des Dritten. Erst diese Figur sorgt für Maß, für Ausgleich, für Gerechtigkeit. Mit seinem Beitritt zur Zweierrunde entsteht erst Gerechtigkeit. Lévinas schreibt:

„Der Dritte ist anders als der nächste. (...) Was also sind sie, der Andere und der Dritte (...) Was haben sie einander getan? Welcher hat Vortritt vor dem anderen? (...) Von selbst findet die Verantwortung nun eine Grenze, entsteht die Frage: Was habe ich gerechterweise zu tun? (...) Es braucht die Gerechtigkeit, das heißt den Vergleich."[8]

Derrida, Schüler und großer Verehrer von Lévinas, problematisiert in seinem wunderschönen Nachruf *Adieu á Emmanuel Lévinas* jene mysteriöse Figur des Dritten. Und er rettet Lévinas, steht ihm bei gegen den Angriff, dieses ethische Konzept sei monströs, habe jedes Augenmaß verloren.

Darin schreibt Derrida über Lévinas:

> „Aber was tut er denn, wenn er [Lévinas, d. Verf.] über das Duell oder mit dem Duell eines Von-Angesicht-zu-Angesicht zwischen zwei ‚Einzigen‘ sich an die Gerechtigkeit wendet und immer wieder bekräftigt: ‚es braucht‘ die Gerechtigkeit, ‚es braucht‘ den Dritten? Geht er da nicht auf jene Hypothese ein (...) von einer potenziell entfesselten Gewalt in der Erfahrung des Nächsten und absoluten Einzigkeit? Von der Unmöglichkeit, dabei das Gute vom Bösen, Liebe von Hass, das Geben vom Nehmen, den Lebenswunsch vom Todestrieb, den gastlichen Empfang von der egoistischen oder narzißtischen Abkapselung zu unterscheiden? Der Dritte würde demnach gerade vor dem Taumel ethischer Gewalt schützen.“[9]

So weit Derrida. Doch wer ist dieser Dritte, soll hier abschließend gefragt werden? Er ist nicht der Nächste des Nächsten, nicht der Andere des Anderen. Und schon gar nicht so wie ich. Er trennt sich mit allen Grenzen von uns ab, mit allen Grenzen, die es nur geben kann. Er ist der Urabdruck des Fremden schlechthin, die absolute Andersheit. Lévinas nennt diese Erscheinung *Illeität*. *Erheit*. Doch auch dieses Unsichtbare, dieses Sich-nicht-zeigen-Wollen, dieser Verzicht auf ein eigenes Gesicht, um stattdessen dem gesichtslosen Antlitz ein wirkliches verletzbares Gesicht zu übertragen, ihm zu schenken, auch diese Illeität können wir nicht mit unseren bloßen

Augen erblicken, sondern nur mittels der „Optik der Ethik". All das verspricht uns Lévinas. Und er meint, das mysteriöse Unbekannte zeigte sich uns immer bloß in der Spur. Es ist die vom Wind in den Sand geschriebene Schrift der Wüste oder der rötliche Blattwirbel über deiner Mütze im Herbst. Es ist das Vorbeigehen eines Passanten, der niemals an dir vorübergegangen war. Lévinas schreibt dazu:

> „Die Spur ist die Gegenwart dessen, was eigentlich niemals da war, dessen, was immer vergangen ist."[10]

> „Zu ihm hingehen heißt nicht, dieser Spur, die kein Zeichen ist, folgen, sondern auf die Andern zugehen, die sich in der Spur halten."[11]

Den Anderen begegnen, bedeute für uns die Begegnung mit der Unendlichkeit. Das ist das eigentliche Wunder am Denken dieses französischen Meisters, der das Unendliche ohne Aneignung in unser Diesseits holt. Es sei möglich, sagt er, dass unser totales, hybrides Ich, wenn es sich aufgibt und zum Mich wird, also reine Passivität, das Fremde in Gastfreundschaft empfängt. Wenn dieses alte Ich einer neuen Selbstbesinnung in Form einer Selbstbeschränkung weicht, rein aus dem Wissen heraus, dass auch die Ressourcen dieser Erde nicht unendlich sind, sondern ebenfalls begrenzt, wenn es somit diese Reise aus sich heraus wagt, dann sei es möglich, dass dieses Ich letztlich das Wunder des Menschseins erfüllt. Die Lévinassche Formel wird dadurch evident, nämlich den Mord am Anderen mehr zu fürchten als den eigenen Tod. Das wäre wiederum die höchste Form des Ausbruchs aus der ewigen Verlustangst rund ums Eigene. Die Zeit, sagt Lévinas, ist die Geduld des Todes.

Lassen wir den Denkprozess bei Lévinas noch einmal kurz Revue passieren, zusammengestutzt auf sein Gerüst:

Aus dem neutralen Sein ins Seiende mit unserem halbleeren Ich, dann hinaus ins Jenseits des Seins mittels unseres Begehrens, hinein in diese Exteriorität, wo das Antlitz des Anderen mit einem Ruf auf

Abb. 5

uns wartet, den wir in Absprache mit dem Dritten gerecht zu beantworten haben, und das alles, um einmal nicht als aufgedunsener Ichling im Whirlpool der Verwöhnung zu verdampfen. Wir erreichen dieses Nicht-Land nur, in dem wir uns sprachlich äußern, doch nur menschliche Güte und Liebe sind die Träger jener Worte, die mit uns in dieses Außen gehen. Aber das heißt auch: Das *gnothi seauton, das Erkenne dich selbst*, dieser Knoten kann nur entwickelt werden, wenn du im gleichen Atemzug den Anderen verstehst.

Logbucheintragung für eine gewagte Behauptung …

Für den Ethiker der Unendlichkeit, wie ich Lévinas an dieser Stelle bezeichnen möchte, ist unser Ich ein unentwegtes Werk, ein *Tätigsein an mir*, das niemals seine Abgeschlossenheit erfährt, damit wir in Bewegung bleiben, nicht ermüden in Anbetracht eines statischen Seins. Und so lässt er sein Werk mit dem erwähnten Satz beginnen: „*Das wahre Leben ist abwesend, aber wir sind auf der Welt*". Im wahren Leben einmal beheimatet zu sein, hieße demnach, uns radikal anders zu denken. Meine bescheidene Formel hieße demnach: Ich + der Andere = Wir-Andere-Alle. Doch nach dieser Ortsverschiebung wären wir nicht mehr auf der Welt, sondern erstmals *mitten in ihr*. Ist die Unendlichkeit hier und jetzt? Von meiner winzigen Kabine aus sehe ich unendlich erschrocken nach draußen …

2.2 Vom maghrebinischen Derrida, dem ganz Anderen vom gegenüberliegenden Kap

„Ein Gespenst geht um in Europa – das Gespenst des Anti-Humanismus. Alle Mächte des alten Europa haben sich zu einer heiligen Hetzjagd mit diesem Gespenst verbündet …"[12]

Dieser nur in zwei Wörtern veränderte erste Satz des *Manifests der Kommunistischen Partei* aus dem Jahre 1848 könnte den Beginn einer europäischen Geschichte bedeuten, die keine Mutter je ihren Kindern auch nur einmal erzählen möchte. Und dafür gibt es mannigfache Gründe:

Die Gespenstergeschichte handelt von einer nationalstaatlichen Engstirnigkeit, die sich seit Jahren tagtäglich an unseren Grenzen ereignet, sie spricht von einer neu aufkeimenden postkolonialen Schuld, die sich in jeden einschreibt, der als Bürger im Himmelbett von Burg-Europa zufrieden erwacht. Ich meine, Kinderohren wären der falsche Adressat für diesen Stoff, denn es handelt sich dabei um einen, den nur Erwachsene ihren Machthabern zu erzählen haben. Unentwegt, lautstark und fern postsubversiver 68er-Küchen. Vielleicht, das wäre die Hoffnung des Verfassers, risse diese Erzählung Europas Quoten- und Umfragedemokratien, deren Parlamente längst im Senderaum tagen, aus dem hegemonialen Schlaf. Noch ist es nicht so weit …

Worin, könnte man eingangs fragen, liegt das Beunruhigende dieser Gespenster, die der neue Anti-Humanismus millionenfach produziert? Liegt es an der Tatsache, dass sie nicht unserer Fantasie entspringen, an der Tatsache, dass sie nicht aus dem Jenseits nach uns herüberlangen? Von beiden etwas. Diese Gespenster sind erstmals aus echtem Fleisch und Blut und: Sie sind von hier. Oder sagen wir es präziser, nicht ganz von hier, eher Flüchtlinge von drüben, vom anderen Kap, die nur in Fällen erwünschter Dienerschaft auf der westlichen Wohlfühlmeile sich einzufinden haben. Also immer dann, wenn unser Verwöhnungsapparat personelle Engpässe hat.

Im „humansten" Fall sind sie ein Körper ohne Antlitz, ein Antlitz ohne Gesicht, eine Anschrift ohne Namen. Eine Anwesenheit in Schubhaft, eine Existenz für den Container. Und die EU? Gesetzt den Fall, der Mann im Mond würde mich danach fragen. Mit Trauer müsste man

Abb. 6

ihm zur Antwort geben, sie sei längst zur Entsorgung Unerwünschter geschrumpft und stehe unter stärkstem Verdacht, fleißig über Gesetzen zu brüten, wie man die Grundrechte eines jeden Menschen ganz legal in den Boden schrammt.

Würde ein weiterer Hinweis zu diesen uns so unheimlichen Gestalten eingefordert werden, dann wäre noch zu erwähnen: Nachdem wir eine große Zahl dieser Gestalten ins Herz der wahren Finsternis, also nach Amerika verschleppten, haben wir den Rest, der nicht mehr auf die Schiffe passte, geopolitisch von uns abgesprengt. Oder wie es der Buchtitel des karibischen Philosophen Stuart Hall so ganz treffend sagt: The West and the Rest.[13]

Hier an dieser Stelle müsste dieser Kontinent, der stets mit Stolz auf seine Homogenität, auf seine glanzvolle Selbsterfindung aus dem Nichts verweist, noch seine erste von so vielen Verschleppungstaten in Erinnerung haben. Jene Entführung der phönizischen Tochter Europa durch Zeus. Nur Kadmos, ihr Bruder, sucht seine Schwester Europa in diesem Europa bis heute vergeblich. Sollte vielleicht er der Stammvater aller dieser Gespenster sein? Doch viel Zeit hat sich inzwischen angehäuft und so erkennt der Grenzschutz diese Geschwister von Kadmos bereits als Flimmerpunkte in der Ferne, auch wenn diese nur in der Dunkelheit marschieren; er erkennt sie als infrarote Schatten auf lecken Planken, nein, die Küstenwache Spaniens nimmt ihre Nachtsichtgeräte nicht mehr vom Auge, wenn sie längs der neuen europäischen DDR auf Patrouillenfahrt geht. Europa sieht alles. Und übersieht dabei eines: Wer jeder Ankunft misstraut, ist zur Erwartung des Kommenden nicht fähig.

Monate, Jahre, und viele Sehnsüchte davor waren diese von der westlichen Dürre Geplagten aufgebrochen, als gutgekleidete Studenten, als Lehrer, als Gläubige der Religion Europa, vom

Abb. 7

Geld ihrer Familien finanziert. Auf flach gedrückten Wasserflaschen, mit einem Fetzen über die Sohlen gebunden, landeten sie schließlich beim Versprechen, das die Vereinten Nationen ihrer Würde gaben. Sie landeten in unseren Wüsten. Dafür gaben ihre Eltern ihr ganzes Erspartes her. Irgendwann an einem Morgen erfährt eine Mutter aus Mali, der Körper ihrer Kinder sei von nun an in den Stacheldrähten von Melilla für immer zu Haus ...

Verlassen wir diese Traurigkeit, diesen Bruch der Brüche aller Versprechen und drehen wir unseren Blickpunkt um 180 Grad. Ich lade dafür die Software von Google Earth auf meinen Bordcomputer und drücke den Button, mit dem man das Geographische wendet, dreht, bis unser eigenes Kap von der gegenüberliegenden Seite aus erscheint. Jetzt, als fremdes, als unheimliches Gestade, mit einer fernen Stadt namens Marseille weit im Norden, mit einer noch weiteren im Dunst – Paris. Und während wir uns näher ans fremde, ans maghrebinische Ufer zoomen, an den grobkörnigen Strand, an die immer deutlicher werdende Bucht, die sich wie ein ins Meer gestürzter Sichelmond unter uns zeigt, fahren wir die Jahre zählend retour: 1980, 70, 60,

irgendwann in einem Herbst von 1949 machen wir halt. Unter uns erstreckt sich der mächtige Hafen von Algier mit all seinen Schiffen und Booten. Unser Blick retuschiert noch rasch die Geschäftigkeit von heute und lässt die schläfrig maritime Stille von damals zu.

Abb. 8

Gerade noch hat eine Mutter, nennen wir sie Georgette, ihren Jungen zum Abschied so herzhaft gedrückt, als ob sie diesen schmächtigen Rücken nie mehr hergeben wollte. Gerade noch ... Doch nun ist der noch nicht Zwanzigjährige mit den dichten Brauen und

Abb. 9

jener Frisur, wie sie italienische Schlagersänger zu ihren silbernen Mofas tragen, seit Stunden auf See. An die Lektüre von Nietzsche,

Bergson und Camus, die seekrank aus seinem Mantelsack ragt, ist bei diesem Seegang nicht zu denken, auf diesem Passagierschiff mit Kurs auf Marseille. Aber lassen wir diesen Jungen namens Jacques selber erzählen:

> *„(…) anderseits gab es das Meer, ein symbolisch unendlicher Raum, ein Schlund für alle Schüler der französischen Schulen in Algerien, ein Abgrund. Ich habe ihn erst mit neunzehn Jahren zum ersten Mal mit Leib und Seele überquert (aber habe ich ihn jemals überwunden?) und zwar durch eine Schiffspassage auf der Ville d'Alger. Es war die erste Reise, das erste Übersetzen meines Lebens, vierundzwanzig Stunden Seekrankheit und Brechen."*[14]

Jahrzehnte vergehen … Aus Jacques, der wie Camus am liebsten nur Profifußballer in Algier geworden wäre, unter Blicken von Mädchen, die nur die eine Gewohnheit pflegen, nackt zu baden am Strand von Tipasa, aus diesem Jacques, der seine Prüfungen nur mit dem Aufwand aller Kräfte, Nervenkrisen, Aufputschmittel eingeschlossen, im großen elitären Paris doch irgendwann schaffte, ist nach Jahrzehnten ein Jahrhundertphilosoph geworden.

Schnitt. Zurück in die 1980er-Jahre. Eleganter Zweireiher mit gestreiftem Hemd, Stecktuch, dazu passend das weiße Haar. Und statt von zwei armseligen Koffern eingekeilt zu werden, übernehmen nun die Mikrofone der Weltöffentlichkeit diese Funktion. Er wird bis heute der einzige Mann bleiben, den die Postfeministinnen differenzlos lieben. Phallo-Logo-Phono-Eurozentrismus, und je mehr er das Denken Europas von sich weist, kreist der Kontinent um ihn. Unzählige Hochhäuser entstehen rein nach dem Bauplan seiner Sätze, seiner Dekonstruktion. Und ist es ein Wunder? Der Aufschub zwischen schwebender Säule und Boden hält. Wer, wenn nicht er, scheint im Westen, am anderen Kap, erfolgreich gelandet zu sein. Mitten in unserer dichotomischen Eintönigkeit. Könnte man meinen. Doch auf der Rückseite dieses Bildes, am leeren Foto …

Da erkennt man leicht den ganz anderen Derrida, den von diesem rissigen Kap fast seelisch zerfetzten Jungen, der an dieser Küste angekommen war, die ihn nichts als verletzte. Blenden wir zurück: Zu Zeiten des Vichy-Frankreich, das stark mit Hitler kokettierte, wird diesem kleinen jüdischen Jungen die französische Staatsbürgerschaft aberkannt, er darf nicht mehr zur Schule. Er wird gehänselt, verspottet, er ist unter den gebürtigen Franzosen ein Niemand und unter den französisch gemachten Algeriern ein Wurm. Das jüdische Denken ist ihm so fremd wie die Beschneidung. Er sitzt und läuft und atmet in einem Dazwischen, das immer gefährlicher zu werden droht. Er spricht keine dieser Sprachen, kein Jiddisch, kein Arabisch, keinen Dialekt der Berber. Die Stadtviertel, in denen er sich noch aufzuhalten hat, werden immer enger. Bleibt nur die Sprache jener, die ihm und seiner Familie das Menschsein weggenommen hatten. Verbittert schreibt er:

Abb. 10

> „Algerien ist nie besetzt worden. Ich will sagen, dass es, wenn es je besetzt war, dann gewiss nicht durch deutsche Besatzer. Der Entzug der französischen Staatsbürgerschaft für die algerischen Juden war mit all seinen Folgen alleine eine Tat der Franzosen. (…) Sie mussten davon schon seit langem geträumt haben und sie haben es ganz alleine zustande gebracht."[15]

Nur so ist dieser Satz zu verstehen, den er am Anfang seines persönlichsten Buches *Einsprachigkeit* schreibt:

„Ich habe nur eine Sprache, und die ist nicht die meinige / die gehört nicht mir.“[16]

Ich vermute, hier am Krater dieser frühen Wunde liegen die Gründe für sein stetes Dagegenschreiben, gegen den gesamten Kanon westlicher Metaphysik. Derrida, der Wittgenstein aus Nordafrika? Doch eines fällt auf, ist nicht zu übersehen ... Häufig tauchen bei Philosphen, Denkern des wirklich anderen Kaps, die also noch am Körper erfahren haben, wie europäische Kolonialherrschaft schmeckt, Strategien auf, die deren Denkfiguren ähneln. Bei Edward Said[17] etwa, der als Erster den Orientalismus als etwas entlarvte, was der Westen unbedingt benötigt, um sich im Schatten dieser von ihm bewusst gemachten Andersheit das Eigene zu bewahren, bei ihm heißt die Strategie: „Zurück-Schreiben“, doch zuvor jede Lektüre bewusst „Zurück-Lesen“ (*reading back*). Bei Gayatri Spivak[18], der feministischen Dekonstruktivistin, heißt die Losung gar absichtlich „irriges Lesen“ (*mistaken reading*), um den Kern jeder Totalität von Beherrschung herauszusieben. Abdelkebir Khatibi, der alte Freund Derridas, nennt es „Bi-Langue“, wenn er sein Arabisch in seine in Französisch verfassten Texte schmuggelt und somit mit mehreren Stimmen, wie er sagt, in einer Sprache schreibt. Ich glaube, der ganz andere Derrida, der maghrebinische, wüstenhafte Denker, muss etwas davon haben, was der Vierte im Bunde, der neue Star der *post colonial studies*, Homi K. Bhabha, ebenfalls ein Derridaverehrer, die Strategie des *mimic man*[19] nennt. Gemeint ist die Kunst der Rache des kolonisierten Mannes, der in seiner scheinbaren Überanpassung die Herrschaft geistig überrennt. Wieso könnte sich Derrida sonst so freimütig zu ihr bekennen, wenn er schreibt:

> „Aber ich glaube doch, dass ich hoffen kann (…) dass keine Publikation etwas von meinem Algerienfranzösich zum Vorschein kommen lässt (…) aufdecken kann, dass ich ein Algerienfranzose bin."[20]

Und an anderer Stelle heißt es gar:

> „Diesen Hyperbolismus (,französischer als das Französische', ,noch reiner französisch' als es die Reinheit der Puristen verlangte (…) diesen maßlosen und zwanghaften Extremismus habe ich zweifellos in der Schule vertreten, ja, in den verschiedenen französischen Schulen, die ich in meinem Leben durchlaufen habe."[21]

Oder hat sich alles ganz anders zugetragen, gibt es noch eine andere Vermutung, eine aus dem Bereich der Poesie? Angenommen, die wahre Philosophie liebte die Paradoxien, die a-logischen Sätze, die Antinomien und Geister-Schiffe, die niemals, trotz rasanter Fahrt, einen Hafen erreichen. Dann vermute ich, auch die Ville d'Alger war von dieser unheimlichen Sorte, weil sie sich trotz vieler Knoten nicht so einfach geradeaus bewegte, weil sie die Wellen umkreiste, manchmal durchschnitt und manchmal mit ihrem Entgegenkommen meilenweit rückwärts fuhr, mitsamt diesem 19-jährigen Jacques. Beide, das Schiff und er, verliebt in das charmante Spiel fraktaler Gezeiten, in die Wiederkehr immer kleinerer Muster, die sich längs einer Küste noch einmal unendlich wiederholen, hatten ihre Ankunft in Marseille längst vergessen. „Es gibt keine Ankunft", wird dieser junge Mann in den Wind hinausschreien, „wenn man sich einmal bewegt." Ein Freibeuterdenken entsteht, das jedes Abtreiben ins Anderswo als unsere einzige unmögliche Wiederkehr feiert, um erneut vor anderen Küsten aufzutauchen, mit dem einzigen Ziel, dem Totalitären, der fixen Zuschreibung in jedem Fall zu entwischen. Ich behaupte, der eleganteste Formulierer der Unmöglichkeit kam niemals in Marseille nach diesen 24 Stunden an, ja, noch gewagter, sein Körper betrat vielleicht Pariser Boden, aber sein Geist niemals. Wie sonst könnte er schreiben:

> *„Man soll oder man muss zu Hütern einer bestimmten Vorstellung von Europa werden, einer Differenz Europas, doch eines Europas, das gerade darin besteht, dass es sich nicht in seiner eigenen Identität verschließt und dass es sich beispielhaft auf jenes zubewegt, was es nicht selber ist, auf das andere Kap oder das Kap des anderen, ja auf das andere des Kaps."[22]*

An anderer Stelle:

> *„Ich bin ein Europäer, zweifellos bin ich ein europäischer Intellektueller (…) Doch bin und fühle ich mich nicht durch und durch europäisch. Damit will ich sagen (mir liegt daran, ich muss es sagen), dass ich nicht durch und durch europäisch sein möchte und sein darf."[23]*

Gleich wie er wird auch Camus, dieser Fremde, der in Wahrheit sein Tipasa niemals auch nur für einen Augenblick verließ, dieses Schiff genommen haben, neun Jahre zuvor. Das niemals ankommende Schiff. Gleich wie der niemals in Elea angekommene Zenon, den der Philosoph und wirkliche Kapitän zur See, Michel Serres, in seiner *Nordwestpassage* beschreibt:

> *„Zenon machte sich auf den Weg von Athen nach Elea. Kaum hatte er leichtfüßig den ersten Schritt getan, begann er von den Myriaden Möglichkeiten zu träumen, die Strecke in Teile zu zerlegen und von vorn zu beginnen. Bevor die Mittelgrenze auftaucht, erscheint die Drittelgrenze, vor dem Drittel das Viertel, vor dem Viertel … das Zehntausendstel und so weiter, so weit ich nur will. Zenon geht los, er geht nicht los, wird er Athen jemals verlassen? (…) Da wollte er die Richtung wechseln. Weshalb sollte er immer in ein und dieselbe Richtung gehen.“*

Zuletzt lässt er Zenon sagen:

> *„Vielleicht bin ich fern von meinem Ziel, aber das macht nichts (…) Denn ich glaube, ich bin nicht mehr allzu fern vom Realen, sagt es nicht laut.“*[24]

Noch einmal zurück zu Camus und Derrida. Die Kerbung, die Wüsten-Spur, die Verwundung, das Viele, das die beiden insgeheim verbindet, war der philosophischen Fachwelt bisher noch kaum eine Erwähnung wert. Die Abwertung ihrer Herkunft von einem Drüben, das bei uns hier nichts zählt, scheint zu überwiegen. Doch gerade Deleuze hat uns mit seiner Geophilosophie das Auge geschärft, damit wir die Landschaft mit ihren Rissen, Spannungen nicht nur atmen, sondern sie auch durch unsere Handlungen und Denkweisen noch einmal materialisieren. Er schreibt:

> *„Denken geschieht vielmehr in der Beziehung zu einem Territorium und zu Terra, der Erde.“*[25]

Was die zwei maghrebinischen Männer vom selben Kap vereint, ist vielleicht das, was bei Camus das „Mittelmeerische Denken" heißt. Das Denken am höchsten Sonnenstand, bei niedrigsten Temperaturen. Aporien, scheinbar Absurdes, Kontingenz und Gegensätze nehmen hierbei die Hauptrollen ein. Doch der Mensch, gedacht als Sammelpunkt von allem, was sich sperrt, ist die wichtigste Ingredienz bei diesem wachsamen, maßhaltenden Vagabundieren durch weite Sonnenflächen, die nur dank bedrohlicher Nächte zu haben sind. Ein Schreiben stellt sich dabei ein, das die Weite der Räume mittels einer atemlosen Segelschrift durchquert, eine Sprache, die unaufhaltsam über den glatten, ungekerbten, wellenförmigen Raum eines Deleuze flottiert. Was die beiden weiters miteinander verschränkt, drückt ihre Lust auf hundert Zentner Fragen aus: Was ist Gerechtigkeit? Was ist Würde? Wie können wir das Absurdunmögliche aus dem Leben in unser Leben holen? Und nicht zuletzt, die Eleganz ihres Schreibens.

Im *poetischen Raum*, in diesem dritten Raum, fern jeder mathematischen Größe und fern physikalischer Messbarkeit, kann jeder, der möchte, die beiden noch heute als *de-territorialisierte*,[26] als unsichtbare Plateaus zwischen der neu errichteten Denkenge von Gibraltar schaukeln sehen. In diesem von Nachtsichtgeräten, Zäunen nun völlig gekerbten, ja gekerkerten Raum bilden Camus und Derrida ein sprachliches Kap der allerbesten Hoffnung. Eine Schutzzone für alle Erniedrigten und Staatenlosen.

Also noch einmal zurück zu Google Earth. Ein letztes Mal an diesem Abend zoome ich mich hinunter bis knapp übers Meer, bis knapp über das Heck der Ville d'Alger.

„Lies mir was vor", sagt Jacques gerade zu Albert, „vielleicht eine kleine Stelle aus deinem Kapitel über das Mittelmeerische Denken. Also irgendetwas Leichtes." Und Albert blickt von seiner Reiseschreibmaschine hoch, als hätte er gerade Sartres vernichtende Kritik darüber gelesen. Und dann liest er doch …

> *„Die Angst lässt ein Europa erstarren, das von Gespenstern und Maschinen bevölkert ist. Zwischen zwei Blutbädern werden in der Tiefe der Keller Schafotte aufgebaut. Humanistische Folterer feiern dort schweigend ihren neuen Gottesdienst. Welcher Schrei könnte sie stören? Selbst die Dichter erklären angesichts des Mordes ihres Bruders, sie hätten saubere Hände. Die ganze Welt kehrt sich nun verstreut von diesem Verbrechen ab; die Opfer sind in die schlimmste aller Missgunst gefallen: sie langweilen."*[27]

– „Hast du nichts Charmanteres[28], was besser hierher passt, seit Tagen nur Flaute und dazu noch diese Passage?", erkundigt sich Jacques. Und Camus blättert ein paar Stellen weiter, er ist den kameradschaftlichen Spott des Jüngeren in diesem Moment fast schon gewohnt.

Abb. 11

> *„Wenn diese kleinen Europäer, die uns ein habsüchtiges Gesicht zuwenden, nicht mehr die Kraft haben zu lächeln, warum behaupten sie dann, uns ihre verzweifelten Zuckungen als Beispiele der Überlegenheit geben zu können."*[29]

Da lächelt Derrida an Bord unseres Geisterschiffes und auch das Geisterschiff lächelt, weil es nicht mehr dazu verurteilt ist, am Trockendock zu rosten. Camus schiebt sich inzwischen die vierzigste Gauloise an diesem Vormittag zwischen die Lippen und scheuert – wie von beiden vereinbart – das Deck auf seine leicht absurde Weise: indem er alle zwei Stunden die Zigarettenasche lässig von Bord bläst und die übrige Bordreinigung dem Südwind überlässt. Was solls. Jetzt sehen die beiden wieder so aus wie damals, als er und Jacques noch die größten Aufreißer waren, jeder in seinem Viertel. Dünnbeinig, schmal, in Schlotterhosen.

„Und? Was hast du so alles mitgenommen bei unserer Reise durch die Enge? Hegels Weltgeist oder nur deine bezaubernd grässlich gestreiften Krawatten?", fragt Camus ihn spöttisch.

– „Außer denen", sagt Derrida, „noch ein Ja, ein *Versprechen*, eine *Gabe*, und die *unbedingte Gastfreundschaft*. Und vor allem diese kleine, ganz winzige Schatulle, die mir von allem das Wertvollste ist."

– „Und was beherbergt sie, was ist da drin? Der Siegelring von Sokrates?"

– „Größer!"

– „Der Siegelring des Paten?"

– „Noch größer!"

– „Dann kann es nur der neue Siegelring des Präsidenten Berlusconi sein."

Jacques schüttelt entnervt den Kopf und öffnet, dank der Überredungskunst Camus', den kleinen Deckel nach langem Hin und Her.

– „Wenn du da genau hinsiehst, Albert", sagt er, „siehst du darin das *andere Europa* glänzen, siehst du es?"

– „Armer, Jacques, kleiner Jacques, die winzige Box ist doch vollkommen leer."

– „Pardon, Albert, aber ich fürchte, du verstehst das nicht: Wie soll denn das *andere Europa* bereits in dieser Schachtel sein, wenn es … wenn es erst im Kommen ist …"

Jetzt kam erstmals heftiger Wind auf und das *Philosophenschiff der Neuen Gerechtigkeit* folgte seiner Mission. Noch ein weiterer Freibeuter war an Bord zu holen, denn es drängte die Zeit. Mit der Zuversicht am Steuer zischte das Boot rasant über die Weite der Deleuzschen Immanenzebene, jene Weite, wo Denkfiguren frei und ungehindert um den Wert ihrer Begriffe streiten, von keinem Überwachungsschirm der Welt erkannt. Die Piratenflagge zeigte uns bereits die neue Richtung an: Rom. Meine Logbucheintragung jenes Tages: *Schrift ahoi!*

2.3 Zu Giorgio Agamben und seiner Ethik im Namen aller Namenlosen

Gegen die totale Verstaatlichung unserer privaten Körper mehrt sich zunehmend der Protest. Von solch einer Proteststimme soll hier die Rede sein. Giorgio Agamben. Hier in Ostia geht er an Bord ...

Der Schlüssel zu seinem philosophischen Werk, das sich vehement für die Entrechteten einsetzt, manchmal dunkel, manchmal fast mystisch, manchmal juristisch eisklar, liegt vielleicht in folgender Episode:

Abb. 12

1964. Pasolini verfilmt auf Kalabrien gerade seine radikale Deutung des Matthäus-Evangeliums. Nur Laiendarsteller mit ihren wunderbaren Gesichtern, die man nicht zu schminken braucht, weil sie den Stolz des Stiefelendes in sich tragen, sind hier am Set. Jesus versammelt am See Genezareth erstmals seine Jünger. Als der seltsam schöne Jesus den Namen „Philippus" ausruft, blickt ein scheuer 22-jähriger Junge mit Lockenkopf und leicht abstehenden Ohren für ein paar Sekunden in die Kamera. Der junge Statist heiß Giorgio Agamben. „Ich sende euch wie die Schafe unter die Wölfe (...) Und habt vor denen keine Furcht, die nur den Leib töten", sagt dieser Jesus zu ihnen.

Es scheint fast so, als würde der Philosoph Agamben in diesem Moment geboren worden sein, in diesem Aufruf des Jesus, der bei Pasolini mehr einem Revolutionär gleicht als einem Heiligen. Für Bibelfeste stehen das Buch, das Schwert und das T-förmige Kreuz für Philippus.

1995 erblickt Agambens Thesenbuch *Homer sacer* die elitäre Welt der routinierten Zweifler, die in ihrer Glattheit keinen Zorn mehr kennen. Es werden sieben Jahre vergehen, bis sich ein deutschsprachiger Verlag auf das Wagnis einlässt, dieses Werk auf den Markt zu bringen. Zu widerborstig, zu unerhört, zu sehr gegen den Mainstream liberaler Konsensphilosophie á la Habermas und Rorty, sagt ein Gerücht. Agamben, der noch heute kragenlose Hemden bevorzugt und das Erscheinungsbild eines weisen, asketischen Priesters pflegt, dieser Philippus schlägt erstmals im Namen der Schafe zu. Mit Schwert, mit Buch und Thesen. Worum geht es darin?

Reduzieren wir alles auf den Kern: *zoé* und *bios*. Unter dem ersten Begriff wird in der Antike das natürliche Leben verstanden, ein Leben, das auch die Frauen und Sklaven führen, wenn sie dem *pater familias* zu Diensten sind. Dieses Leben verfügt über keine Macht im Draußen, im Privaten will es glücklich sein. Sich lieben, sich streiten, sich fortpflanzen ... Mit Politik und der Polis hat der Begriff nichts gemein. Er verweist auf alles, was im einfachen, ungefragten Volk da draußen steckt. *Bios* hingegen meint den politischen Körper, das qualitativ höhere Recht, das Mitspracherecht der Bürger. In der Antike wurde es offiziell nie miteinander vermischt. Hier setzt Agamben an und bestreitet diese Trennung. Schon damals, schon immer, sei dieser Privatkörper ein Teil des *bios* gewesen. Und wenn viel später Foucault von der „Verstaatlichung des Körpers" spricht, so habe diese Verquickung schon damals in sehr frühen Tagen ihre Geburtsstunde erlebt. Und Agamben, der gelernte Jurist, führt uns als Beweis ein Rechtsinstitut vor, das vor Grausamkeit strotzt. *Vitae necisque potestas.* Das Recht des Vaters, den Sohn zu töten, sein nacktes Leben auszulöschen, wann immer es ihm gefällt. Und Agamben schreibt:

„Diese Macht ist absolut, sie ist weder als Sanktion einer Schuld noch als Ausdruck der allgemeinsten Macht (…) gedacht. Sie entspringt unmittelbar und allein der Vater-Sohn Beziehung (im Augenblick, da der Vater den Sohn anerkennt, indem er ihn vom Boden hochhebt, erwirbt er über ihn die Macht über Leben und Tod)."[30]

Und dieses nackte Leben, das bereits im Sohn als freier Zugriff enthalten ist, das jederzeit getötet werden kann, vermengt *zoé* und *bios*, zieht es auf die Ebene der Unentscheidbarkeit. Aus diesem alten Tötungsrecht, folgert nun Agamben, leite sich jede souveräne Macht bis heute ab. Diese Wurzel, dieser Kern stecke in allen Herrschaftsformen. Egal, ob es sich um Faschismus oder Stalinismus handle. So weit, so gut. Doch jetzt wirft der Philosoph eine Denkgranate ins Spiel: Diese urmythologische Ableitung von Macht residiere in verdeckter Weise auch in der heutigen Demokratie. Das archaische Tötungsrecht wird nach Agamben zum Stammvater jeder Form von Staat erklärt. Und um dem Nimbus der Demokratie noch einen weiteren Schlag zu versetzen, meint Agamben, dass es sich in Wahrheit nie um einen Gesellschaftsvertrag oder ein soziales Bündnis zwischen Staat und Volk gehandelt habe, wie Voltaire und Hobbes noch meinten. Im Gegenteil, es war von Anfang eine „de-liaison".[31] Ein Begriff, den Agamben vom Philosophen Badiou hier entleiht. Also keine soziale Bindung hat je stattgefunden, sondern eine Art Auflösung, die das Abgetrennte an sich bindet, indem sie es verwirft. Und diese Antinomie wird am radikalsten durch den Heiligen Menschen, den *homo sacer*, verwirklicht, der jederzeit getötet, aber nicht geopfert werden darf. (Später mehr dazu.)

Nun bringt Agamben Carl Schmitt, den kalten Rechtstheoretiker des Nationalsozialismus, ins Spiel. Sehr verkürzt gesagt, bildet für ihn jede Staatsmacht eine Dichotomie aus Freund und Feind. Nur ein Staat mit Feind sei zur politischen Gemeinschaft fähig. Jeder Staat, will er funktionieren, brauche dieses feindliche Außen, damit die Abschottung nach Innen gelingt. Überspitzt könnten wir sagen, ein Staat heutiger Prägung sehnt sich nach seinen Banlieues. Doch die entscheidende These Schmitts ist die: Souverän ist, wer über den Ausnahmezustand entscheidet. Oder auch: Souverän ist der, „der um Recht zu schaffen, nicht recht zu haben braucht". (Im Ausnahmezustand wird bekanntlich das geltende Recht aufgehoben, die Gewaltentrennung, sonst Sockel jeder demokratischen Verfassung, zerrinnt in ein gefährliches Ineinander. Sonderparagrafen treten in Kraft, die meistens die Polizeigewalt erhöhen. Siehe Frankreich.)

Da Recht, nach Schmitts Auffassung, niemals auf Chaos angewendet werden kann, muss vom Souverän eine neue Ordnung geschaffen werden. Im rechtsfreien Raum griffe jede Norm in den leeren Äther. Agamben folgert nun: Ein neues politisches Zerrbild entstehe, ein biopolitisch neuer Raum, innerhalb dessen die Macht immer vehementer über die Körper und Seelen von dessen Bürgern verfüge bei gleichzeitiger Kontrolle des Außen. Hier an diesem Punkt meint er, dass sich Europa seit den Tagen des Ersten und Zweiten Weltkrieges immer mehr dem Ausnahmezustand angenähert habe. Die Ausnahme wurde somit zur Regel, das Ungesetzliche zum Gesetz.

In seinem Werk *Ausnahmezustand* komprimiert er seine Überlegungen wie folgt:

> „Angesichts der unaufhaltsamen Steigerung dessen, was als ‚weltweiter Bürgerkrieg' bestimmt worden ist, erweist sich der Ausnahmezustand in der Politik der Gegenwart immer mehr als das herrschende Paradigma des Regierens."[32]

Doch wo, fragt sich Agamben, findet der Ausnahmezustand eine Örtlichkeit, wo Recht und Unrecht in ein seltsames Gemisch aus neuer vermeintlicher Rechtmäßigkeit ineinander fließen. Wo ist der Ort, an dem die Unmöglichkeit des Unvorstellbaren Wirklichkeit werde. Dieser Nichtort, wo sich die Ausnahme herausnimmt, um damit noch stärker in der Fahrspur der Herrschaft zu bleiben, hat bei Agamben nur eine Bezeichnung: Konzentrationslager. Er fragt nicht, wie dieses Grauen menschlich vorstellbar wird, sondern vielmehr nach der rechtlichen Konstitution dieser größten, denkbaren Unrechtmäßigkeit. Und er wird fündig in der „Schutzhaft".

Diese ursprünglich lumpig kleine Polizeigewalt erfährt im Ausnahmezustand eine verhängnisvolle Machtausstattung, die die Welt unter den Stiefeln der SS und der Gestapo bereits qualvoll kennen gelernt hat. Mit der Schutzhaft schütze sich der Staat bloß vor möglichen Angreifern, wie es weltweit hieß und nach wie vor heißt. In Wahrheit jedoch greift der Staat hier selber an. Greift auf den nackten Menschen, zerrt, stößt ihn, unter Ausschaltung der Genfer Konvention, in Käfige, in Lager. Es genügt der Verdacht, der Geruch, die Hautfarbe, die Sprache, das Reden, das Miteinandersein, das bloße Leben. Eine endlose Spirale des Nach-außen-Drängens öffnet sich, bis sich der Schlund der Hölle zeigt. Wie weit wir davon noch entfernt sind, wagt kein Vermesser des Ethischen zu sagen. Man spricht bereits von geheimen Folter-Lagern des CIA auf europäischem Boden. „Das Lager, als Nomos der Moderne", so skandalös nennt es Agamben und sucht in einem weiteren Werk, Was von Auschwitz bleibt[33], nach dem ewigen Zeugen, der dies alles bestätigen könnte. Doch im Falle dieser industrialisierten Vernichtungsstätte wäre der wahre Zeuge der, der seinen Vergasungstod überlebte. Und den gibt es nicht. In den Schriften Primo Levis, selbst Opfer von Auschwitz, stößt er in dessen Aufzeichnungen Ist das ein Mensch? auf die menschliche Gestalt, nach der Entmenschlichung, auf einen Gefangenen, der seelisch und körperlich nicht mehr vor Ort ist.[34] Ein Etwas im Zwischenreich, eine schwankende Biomasse, der jedes Menschrecht abgesprochen wird, die man im Lager „Muselmann" nennt, tritt dem entsetzten Leser vors Auge. Zu schwach, um auf Hiebe, Schläge, Folterungen noch zu reagieren. Für Agamben ist er die Epiphanie, der pure *homo sacer*, der Mensch nach dem Menschsein. Ein Danach, das seinen menschlichen Tod nicht sterben darf, ein Rest, der nicht begraben wird und somit als Gespenst durch die Lager treibt, als Angeschwemmtes, als Strandgut einer von Menschen gemachten Apokalypse.

Doch das vollkommen Ausgelöschte fängt mit einem Mal zu reden an, indem es schweigt, eine Aura der Stille stellt sich ein, die schreit. Und der Muselmann emergiert zum wahren Zeugen, wird selbst zur Sprache, die jenseits des Sagbaren liegt. Er weiß nicht mehr, wo er sich befindet, das wiederum treibt die Aufseher in die Ortlosigkeit. Was die Schlächter nicht wissen: Was gänzlich ausgelöscht werden soll, schreibt sich als Zeugenprotokoll in den Körper des Muselmanns ein, der permanenten Entwürdigung erwächst eine abgerissene Zunge, die irgendwann über den Ausnahmezustand spricht. Und Agamben warnt und legt uns diesen Nichtmenschen auch vor unsere Tür und erzählt uns zwischen den Zeilen, dass dieser Rest der wahre *Anthropos* sei. Von ihm, von diesem Rest, leitet Agamben seine Ethik ab. Er, dieser völlig zugrunde Gerichtete, soll uns als Wegmarke dienen bei der Forschungsreise in eine neue *Terra Ethica*. Agamben schreibt:

> „Denn keine Ethik darf sich anmaßen, einen Teil des Menschlichen auszuschließen, so unangenehm und schwer es auch sein mag, ihn anzuschauen."[35]

Doch der Schrecken ist nicht vorbei. Abbilder dieses Urbildes Muselmann sieht Agamben im Flüchtling, im Gefangenen, im Staatenlosen millionenfach heraufziehen. Ein neuer, moderner *homo sacer* ist längst im Entstehen. Er wankt hinter den Gitterstäben von Guantanamo, in Lagern, von denen wir Zivile nichts wissen. Er wird gefoltert, vertrieben und dank unserer Gleichgültigkeit unter Wasser getaucht und das im Namen der Demokratie. Nein, sagt Agamben, Schuld und Recht haben nichts mit Ethik zu tun, deshalb verortet sich seine Ethik im Draußen und will auch dort bleiben. Er reiht sich ein in die Namen jener, wie Arendt, Butler, Žižek, Badiou, die die Trennung von Bürger- und Menschenrechten heftig kritisieren. Wer, wenn nicht diese Heimat-, Recht- und Schutzlosen, völlig aus dem Leben Geworfenen, wer, wenn nicht sie, hätten einen Anspruch darauf, *Citoyens* der Welt zu sein, verfassungsmäßig und einklagbar von einem transnationalen Recht geschützt. Diese neuen Rechte der Entrechteten zu schreiben, wäre die erste Aufgabe der kommenden Philosophie. Bleibt noch der schwierige Weg, den Lévinas und Derrida versuchten, ein Jenseits des Seins zu denken, einen Messianismus ohne Messias. Ein Kommen, das unentwegt stattfinden muss, wollen wir auf dieser Kugel noch eine Zeit lang verweilen. Und Agamben, dieser streitbare Philippus ohne Gott, der auch den Sabbat einhält, weil er über die Grenzen denkt, macht uns in einer kleinen Schrift, die den Titel *Profanierungen* trägt, einen Vorschlag.

Er schlägt vor, wir sollten das Heilige, also alles, was uns Menschen bislang entzogen war, uns nicht zusteht, wir sollten es profanieren, also entweihen und somit wieder zugänglich machen für den Gebrauch. Und dieses Gebrauchen sperrt sich gegen den Verbrauch, weil es eben nicht mit dem Eigentum verschränkt ist. Das heißt, die Transzendenz soll nicht, wie bisher, so lange säkularisiert werden, bis sie in unserer Immanenz als ferne Erinnerung erstickt, nein, sie soll zurück auf die Erde gebracht werden, damit wir das ehemalige Heilige behutsam verwenden, in Form eines Spiels. Heute nennen wir das Spiel mit der Sonne, das ehemals nur den Göttern zustand, Fußball. Und wenn wir

Abb. 13

tanzen und Feste feiern, haben wir längst vergessen, dass wir es nur dank einer Profanierung tun. Und wird diese Denkfigur von Agamben weitergedacht, schwebte auch der *homo sacer* nicht so gefährlich zwischen Staat und vogelfreiem Dasein, Erde und Luft, Aufnahme oder Schubhaft, Zwangsernährung oder Abstellen der Geräte. Er wäre erstmals unter uns, dem halben Eigentum der Götter entrissen.

Dieser neue Vertrag, der den nackten Menschen durch Profanierung erstmals in unsere Welt einschreibt, damit er erstmals ganz zu uns gehört, hätte im Gegenzug den Preis, dass der *homo sacer* nicht mehr unserer straffreien Tötung unterliegt, im Gegenteil, er hätte das erste Recht, unter dem Schutz einer staatenlosen, kommenden Gemeinschaft zu stehen. Und mit diesem gleichnamigen Titel des zuletzt erschienenen Werkes von Agamben Die *kommende Gemeinschaft* wird der Philosoph mit uns auf eine gewagte Seereise gehen. Es ist eine dunkle Fahrt durch die steilsten Meeresklippen der Paradoxie. Er schreibt:

„*Das kommende Sein ist das beliebige Sein.*"[36] Gemeint ist ein Sein, das so ist, wie es ist, weil es nach Plotin „so wie es ist am besten ist". Ein Sein, das sich nicht mehr aus Furcht an ein Wie-in-der-Welt-Sein krallt. Die Frage nach schwarz, braun, oder gelb, Moslem oder Kommunist wäre somit außer Dienst gestellt für die Ankunft des be-lieb-igen Seins, in dem hörbar die Liebe steckt. Agamben spricht von einer künftigen Singularität ohne Identität. Wir geben also das „Wie- wir- sind" auf, wir pfeifen auf jede Zuschreibung, weil jede Klassifikation die kommende Gemeinschaft im Keim erstickt. Allein das Ereignis unseres tagtäglichen Stattfindens in dieser Welt, die ungeahnten Möglichkeiten, so oder so zu sein, also *nicht anders* zu sein das, konstituiert erst diese mögliche Gemeinschaft, deren Präambel es ist, nichts gemeinsam zu haben, weil man nur so das Draußen gemeinsam hat. Was Agamben meint, erscheint erst deutlich am Ende des Buches. Und es ist wie immer ein Schlag mit dem Schwert. Man erkennt erst hier, welche Strategie sich hinter der opak erscheinenden Forderung nach einer Singularität ohne Identität versteckt.

> *„Denn die kommende Politik ist nicht mehr der Kampf um die Eroberung oder Kontrolle des Staates, sondern der Kampf zwischen dem Staat und dem Nicht-Staat (der Menschheit) ..."*[37]

Die kommende Gemeinschaft kennt keine Obrigkeit, sie akzeptiert kein falsches Recht. Sie regiert sich selbst, indem sie erstmals selbst zum Sprachrohr der eigenen Sprache wird. Doch da jede Souveränität auf die Identität des ihm Unterworfenen zählt, auf seine Nationalität, seine Natalität, ganz so, wie der Vampir, der ohne Blut nicht überleben kann, fürchtet er nichts mehr, als die Gemeinschaft, die ohne Gemeinsames auskäme. Agamben schreibt:

> *„Das Leben aber, das nach dem Jüngsten Tag die Erde erfüllt, ist schlicht das menschliche Leben."*[38]

Ja, denke ich mir, so wird es sein, so wie die Chassiden den Tag der Erlösung deuten: Alles wird sein wie sonst, nur ein wenig anders ...

3. DIE ERSTE ENTTÄUSCHUNG ODER VERWENDE DEINEN EIGENEN VERSTAND

Man wird es mir als plumpe Ausrede werten, als meine Unfähigkeit der Wiedergabe, wenn ich behaupte: Große Philosophen, die sich außerhalb des gelehrten Rahmens begegnen, erfasst manchmal die Sehnsucht nach der Leichtigkeit des Seins. Sie erliegen dem Reiz, das spielerische Gegenteil ihres Werkes zu sein. Nach einem Leben voll mit Mühen des ständigen Hinterfragens der allerletzten Fragen bepackt, will man sich nun in zweifelsfreier Zone bewegen. Wer könnte das nicht verstehen? Statt der kniffligen Frage eines Diskutanten gibt man plötzlich dem schweigsamen Erscheinen des Seewindes den Vorzug. Statt neue Erkenntnis aus den Netzen des Staunens zu holen, salzt man lieber gemeinsam Sardellen ein. Dies alles ist zu verstehen, doch zugegeben, groß war meine Enttäuschung doch, mir die große Welt im eigenen winzigen Körper selbst erklären zu müssen ...

Hatte ich also anfangs noch auf nächtelange Rededuelle der Herren Mitreisenden gehofft, konnte ich im Laufe der Fahrt froh sein, ein paar Krümel Altersweisheit aufzuschnappen, die sie sich bei ihrem Spiel mit Würfeln, Karten oder sonstigem mittelmeerischen Zeitvertreib zuwarfen, mit viel Gelächter. Noch ärger: Statt erneut der Frage nach dem Guten, dem Bösen oder dem Sein hinterherzujagen, folgten sie nur scherzend und bauchfrei dem Verlauf ihrer Boulekugel an Deck.

Camus und Derrida rasierten sich ihre Bartstoppeln schon seit Tagen nicht mehr. Zu vertieft waren sie in ihre Plaudereien über algerische Fußballstrategien. Es schien fast, als wollten sie in der virtuellen Begegnung mit der Nachwelt das wahrhaft geglückte Leben sehen. Sogar Monsieur Lévinas hatte den Knopf seiner Krawatte um einen halben Zentimeter gelockert und lächelte dabei so verlegen, als stünde er splitternackt an der Reeling eines Schiffes, das gerade in den lärmenden Hafen von Rotterdam einfährt. Und

Signore Agamben? Der saß meistens abseits von den übrigen Größen und sah schweigsam hinaus …

Ich war am Verzweifeln. Meine Denkfiguren verweigerten sich. Sie spurten nicht. Mein Plan, sie wegen einer neu zu denkenden Ethik auf mein Geisterschiff zu locken, um selbst nicht verwirrt am Steuerruder zu stehen, dieser Plan schien nicht aufzugehen. Oder war es ihr versteckter Hinweis auf die kantsche Auskunft, was die Aufklärung für den Menschen im Grunde sei: sich des eigenen Verstandes ohne Leitung eines anderen zu bedienen? „Sapere aude, Leichtmatrose!" Mehr an Botschaft war ihren Augen nicht zu entnehmen …

3.1 Funken-Sprüche vom Festland:
Unruhen in den Vororten von Paris

Man erspare mir, die Knöpfe, Schalter, Hebel, ja, das Inventar unseres Funk- und Navigationsraumes zu erklären. Rein äußerlich sah es hier aus wie in einem längst geschlossenen Tonstudio der 1930er-Jahre. Ein konspirativ bläulicher Schimmer floss mir aus den Bullaugen der Geräte entgegen, man konnte meinen, das gesamte Mittelmeer läge draußen auf der Lauer. Camus schien das zu gefallen, schließlich verbrachte er die meiste Zeit hier, als stumm rauchender Funkspruchempfänger. Es erinnerte ihn, wie er uns einmal gestand, an die Zeit, als er noch in Algier lebte, in solch kleinen, nach Hundepisse riechenden Räumen seine Artikel schrieb. Seine Brandreden gegen die Armut in der Kabylei sind lange her. Doch an diesem Abend verschwand seine Gesprächsbereitschaft nicht in der Stille der Nacht, er wandte sich plötzlich uns zu und sagte: „Kämpfe in Frankreich ... der Ausnahmezustand wird verhängt." Und dabei flossen seine Worte so zögerlich aus seinem Mund, als

Abb. 14

hätte sich der Oktober 1961 ins Heute verschoben. Jener Tag, an dem die Pariser Polizei – im Rausch kolonialer Hybris – an die 200 demonstrierende Algerier töteten. Was war geschehen? Und wie stets auf dieser Reise, wenn ich Rat suchend in die Gesichter meiner Philosophen starrte, auf eine Antwort hoffend, verschwanden sie im Nebel der Zeit. Ich setzte mich selbst ans Gerät und hörte die Funksprüche ab ...

Tumulte in den Vororten! Randale und Verwüstung in den Banlieues von Paris! Die Enkel algerischer Einwanderer spielen verrückt ... Jede Nacht fackelt dieser dunkle Pöbel hunderte Wägen ab ... Abschaum, Racaille, nannte sie der Innenminister gestern in seiner ersten Petition. Was dagegen zu tun sein wird, ist der Regierung der Grande Nation bereits jetzt sonnenklar: Der Ausnahmezustand wird verhängt!"[39]

Ich schalte den Empfänger ab. Ich denke mir: Banlieue, ist das nicht jener Nachort, der weit nach jeder Menschlichkeit beginnt?

Demnach wäre es ein Irrtum zu glauben, die Kämpfe der französischen Randjugend fänden in den Vorstädten statt. Im Gegenteil. Es handelt sich um Kämpfe in den Städten danach, nach jeder Menschlichkeit. Und das wiederum sind die Orte, die nach dem Abbruch der letzten gemeinsamen Reden entstehen. Plätze, nach der staatlichen Begradigung jeder freundschaftlichen Begegnung von Konsumweiß und vermeintlich bedrohlichem Braun. Nicht nur in Paris! Mit den Jahren ist in allen Großstädten des Westens ein verwaistes, platzloses Nirgends entstanden, wo sich die sprachlose Verlassenheit der Jugend mit der innerstädtisch produzierten Leere kreuzt. Kurzum, schon die halbstündige Fahrt von der hellsten, postmodernsten Stelle der City aus bedeutet auf eine Reise zu gehen ins städtebauliche Zurück. Ins Schmälerwerden, in eine Verengung hinein, die dann – Fenster an Fenster, Schulter an Schulter – in der Höhe zerplatzt. Raumnot, Atemnot, nur die Droge erlaubt noch ein kurzfristiges Tanzen auf diesem Sozialbauvulkan. Hier sind Beben und Zittern der inzwischen natürliche Atem-Rhythmus der Stadt.

Wie so viele Städte hat sich Paris ein künstliches Draußen in seinem eigenen Innern geschaffen. Und dies nicht ohne Grund: Loderten doch die Arbeiteraufstände von 1871 zu sehr im Zentrum der Stadt. Heute verweigert Paris oder wie immer auch die westliche Großstadt heißen mag, das Gastrecht, das freie Bett für „den Fremden, der ...", wie Georg Simmel schreibt, „heute kommt und morgen bleibt". Wir stellen an ihn keine Frage, machen ihm kein Angebot, unsere Grußhand zieht sich zurück, bäumt sich auf, wird zum kollektiven Lattenzaun. Selbst die sparsamste Geste des Willkommenseins muss so im kalten Strom der Abwehr und der Gleichgültigkeit versinken. Die Vermutung drängt sich auf: ein Kolonialismus im Retourgang ist hier am Werk, mit anschließendem Hochfahren sämtlicher Städte, Ebenen und sozialer Errungenschaften.

Und das Gesicht dieser menschenunwürdigen Architektur wird von nun an das Antlitz all jener Namenlosen bilden, die hier im seelischen Danach-Ort wohnen. Als räumlich Eingebürgerte, die man geistig längst ausgebürgert hat. Sie, diese mittelmeerische Jugend, wird fortan als die Nachkommen jenes „Abfalls" gelten, als „Abschaum" der nach dem Abfall von der Idee der Kolonisation entstand. Und es ist immer dasselbe, was hier geschieht, wenn die Not wie ein pflichtbewusster Mensch zur Arbeit gehen will: Der Schweiß perlt zuerst über die Fassaden und dann über die Stirn der dunkelhäutigen Bewohnerschaft. Und dieser Schweiß der Verwitterung und der Ohnmacht, nirgends Arbeit zu finden, fließt ein in eine Hand. Und aus der Hand wird eine Faust und aus dem Gemisch wird Benzin. Bei diesem Gewaltausbruch in den „Vorstädten" sind keine Bürgerkinder am Werk, die im legendären Mai 68 so tonangebend waren. Für diese Jugend ohne Zukunft steht kein Sartre mit der Sprechtüte solidarisch am Fass. Für diesen Ausbruch wird nicht in den Leitgazetten feuilletonistisch demonstriert. Die Sprache dieser Sprachlosen entstammt keinem philosophischen Seminar. Denn sie ist roh, sie schreit aus sich heraus, sie schlägt zu. Sie zündet an, was der Gemeinschaft gehört, da die Gemeinschaft wiederum sie nicht erhört. Was für ein Irrsinn! Eine Stimme, die nur unter Beimengung von Benzin zu sprechen vermag? Doch wenn das Gerechte redet, wird es anfangs immer ein Stottern sein. Denn diese zornige Stimme wurde nicht in Landhäusern, in Chalets mit großer väterlicher Bibliothek gezeugt, sondern fern, über dem Meer, in den Tiefen algerischer Folterkeller, wo man die Großeltern dieser Sprachlosen dafür quälte, dass sie die Unabhängigkeit eingefordert hatten.

Oder sind diese brennenden Autos in der Nacht gar die unbewussten Feuerzeichen, die ohnmächtige Grabrede für all jene, die die Herz-Enge von Gibraltar nie überwinden konnten? Grabrede für jene, die nun namenlos im tiefsten mittelmeerischen Entsorgungslager liegen? Wäre es seitens des Westens nicht vernünftig, diese Tonspur immer mitzudenken, wenn es in den Städten kracht? Anders gesagt: Die Abschiebung seit Generationen nach draußen schiebt nun ihrerseits zurück.

Banlieue, der Euphemismus, diesen Ort jenseits aller menschlichen Orte mit der Bedeutung „Vorort" zu behübschen, reicht nicht mehr aus. Die Brandnächte zerren die wahre Bedeutung des Wortes ans Tageslicht: Gebannter Ort! Bannmeile für alle Vogelfreien, für die „Friedlosen", wie es im germanischen Recht hieß. Der Schritt, den Banlieusard zum Wolfsmenschen zu erklären, wie das einst in unseren Breiten mit Randgestalten geschah, kann schneller vollzogen werden, als man glaubt.

Doch es ist dem italienischen Philosophen Agamben zu danken, dass die verzweifelte Namenlosigkeit dieser Jugend dennoch einen Namen erhält: *Homo sacer*. Der heilige Mensch. Doch Vorsicht sei angebracht, denn dieser Rechtsbegriff aus frühen römischen Tagen hat einen Haken: Er meint das nackte Leben, er meint den Vogelfreien, der wegen seiner Heiligkeit nicht geopfert werden darf. Doch wer ihn schnurstracks tötet, geht straflos dabei aus. Und diese Aporie eines Menschen, so wertlos zu sein, dass er nicht geopfert, nur getötet werden darf, lebt nach Agamben immer im Bann, also immer in diesen Banlieus, in diesen Stätten nach der sozialen Flut.

Wie jene drei an einem Donnerstag im Oktober des Jahres 2005. Bouna, Ziad und Metin, die unbescholtenen Jugendlichen sind gerade am Heimweg vom Fußballtraining in Clichy-sur-Bois. Sie lachen, sie scherzen und werden dabei unversehens in eine Polizeikontrolle geraten. Sie wissen, was das bedeuten kann. Sie laufen. Jetzt aber nicht mehr im geschützten Rahmen eines Spiels. Sie laufen in Panik. Und die Staatsmacht läuft diesen dünnen Beinchen, immer schneller werdend, hinterher. Ihr Zufluchtsort wird der tödlichste Ort sein, den es in ihren trostlosen Straßen nur geben kann: „Das Transformatorhäuschen der Electricité de France. Nur der älteste der drei überlebt dieses Versteck: Bouna und Ziad werden von einem Stromschlag getötet."[40]

Man verstehe mich richtig: Es ist auf keinen Fall gutzuheißen, was die Randjugend in jener Nacht und in den folgenden Nächten aus Wut und Trauer über den Tod der beiden tut: die Güter der Gemeinschaft zu zerstören, das Löschen der Wut im Brand zu suchen. Das reinigt nicht von der Ohnmacht. Im Gegenteil. Noch mehr Verwundung fließt ihr hinzu. Aber um wie viel erbärmlicher wäre der Tag nach solchen Nächten, da das französische Militär zur Tat schreitet und auf sie schießt und damit gleichsam, statt dem vermeintlich Fremden, das Eigene trifft: die Aufklärung, die Deklaration der Menschen- und Bürgerrechte. Es wären 1789 Kopfschüsse in alles, wofür der Geist dieser großen Nation bislang noch steht ...

Noch wehrt sich alles in uns anzunehmen, das ethische Projekt dieses Kontinents stecke schon so tief im Morast der Wohlstandsbewahrung, dass Europa nun schon in den Krieg zieht – gegen seine unerwünschten Kinder ...

3.2 Die Mudras der Goldenen Drei

Abb. 15

Früher Morgen. Leichte Brise. Wollen heute im Hafen von Piräus ankern, doch die breiten Yachten der *Happy Few* versperren uns stundenlang den Weg. Man prostet sich unter weißen Sonnendächern zu, trinkt auf den köstlich verbrachten Frühling in den eigenen Weinbergen um Montalcino, auf die wundervolle Indianerherbstzeit in Maine und auf all die noch kommenden Genusswintertage in Zürs, Sankt Moritz und Adelboden, nur schade, dass das urige Lampedusa für einen Spätsommerausflug nicht mehr in Frage käme, da es ganz am Verlottern sei. Wegen der, na, Sie wissen schon ... Die schwarze Bordcrew reicht ihnen Glas um Glas und hofft insgeheim auf eine Rosa Parks!

Für mich und meine Crew sieht die Sachlage nicht so rosig aus. Nach endlosen Debatten mit Hafenpolizei und Zoll, ob auch ein vergammeltes Geisterschiff hier vorschriftsmäßig vor Anker gehen dürfe; ob ein Gespenst vielleicht doch einen gültigen Pass benötige für diese Wirklichkeit oder gar einen Antrag auf Asyl zu stellen hätte, weil sonst die sofortige Abschiebung ins Jenseits drohe, schleppt man uns wie eine schwimmende Peinlichkeit aus dem Bild. Denn mit unseren zerfetzten Segeln, notdürftig an den oft gebrochenen Masten gehisst, sind wir hier nichts als eine Störung in der Traumschiffperspektive, wie uns der Hafenmeister lauthals zu verstehen gibt. Wo sonst nur vom Wind gestürmte Boote auf ihren Schrottwolf warten, dort überlässt er uns für zwei Stunden einen

Platz. Doch, was er nicht weiß, wir haben Zeit, wir haben die Zeit von gestern, wir sagen uns, wie schön muss es in der Antike hier gewesen sein. Das auslaufende Öl der Tankerflotten mitsamt den ungeklärten Stadtgewässern reibt unsere Bordwand nun heftig mit dunkler Farbe ein. Irgendwo, weit hinter dem architektonischen Smog aus rasch hochgezogenen Fertigteilen, muss wohl das Trümmerzitat Akropolis liegen. Wir deuten in die verschiedensten Richtungen und geben dann das Vorhaben auf. Endlich bleibt Raum für meine Frage, wo denn der Ursprung, die Urschrift der Ethik zu finden sei. Darauf sagt Derrida nur diesen einen Satz: „In den Mudras der Goldenen Drei." In den Mudras der Goldenen Drei? Ich krame in meinen esoterischen Tagen, ich blättere zurück in die Zeit, als ich noch glaubte, die chronische Umarmung meiner schadstoffreichen Gartentanne könne den gesamten Regenwald retten, und hole aus meiner Jugenderinnerung nur so viel hervor: Es muss sich beim Begriff „Mudras" um meditative Fingerübungen von zenbuddhistischen Kampfmönchen handeln, aber bitte, was hat dies mit unserer abendländischen Philosophie zu tun? Es gebe da ein Fresko, sagt Lévinas. Ja und, frage ich mich. „Schau den Porträtierten einfach auf die Finger", erwidert hierauf Camus, „und die Lösung liegt auf der Hand."

Als ich schon bereit bin, mich und die Frage endgültig aufzugeben, weil es auf tausenden Wänden, in tausenden Kirchen – millionenfach in Bildbänden gedruckt – noch abermillionen Hände auf diesen Fresken zu bestaunen gibt, hat Agamben endlich Mitleid mit meinesgleichen und kramt aus seinem Portemonnaie ein zerknittertes Bild hervor. Es ist nicht größer als jene Marienbilder, die man für ein paar ausgediente Lire in den italienischen Kirchen gleich beim Eingang erhält. Es zeigt die „Die Schule von Athen", dieses von Raffael gemalte Fresko in den Räumen des

Papstes, auf dem Raffael alles festhält, was Geltung hat im antiken Staunen. Ich erkenne Heraklit, Diogenes, Pythagoras und noch viele mehr. Raffael breitet noch einmal die gesamte Gelehrsamkeit der alten Welt vor uns aus – auch die arabischen Denker werden von ihm noch nicht aus dem Abendland retuschiert.

Hier steht und liegt und gestikuliert alles, was Rang und keinen bürgerlichen Namen hat. Hier versammelt der Maler all jene auf den Treppen, die in der geistigen Polis einen Kosmos bedeuten, jeder für sich. Jeder eingeschrieben im großen Buch der ewigen Fragen, was das Ganze hier soll. Und doch gruppieren sich alle wie Eisenspan um jene Goldenen Drei: Platon, Aristoteles, Sokrates; auf den Stufen eines Kirchenpalastes, der sich dachlos, ohne jede Kuppel, dem Himmel zeigt. Ich betrachte die Hände der drei Giganten, Raffael verzeih, mir fällt dabei nichts auf. Und überhaupt, was haben Hände mit Ethik zu tun? „Hast du schon einmal einen reinen Gedanken gesehen, der beim Graben hilft, nein, mein Freund, da gehören schon Hände dazu", sagt Camus und imitiert die Armhaltung des Sokrates. Seine zwei Handflächen und die nach innen gekrümmten Finger deuten dabei auf die eigene Brust. „Und jetzt", spottet Derrida, „hast du nur tief genug zu graben, zu tauchen und dann findest du jenen ersten Satz."

4. ERSTER TAUCHGANG ODER DER GRÜNDUNGSSATZ DER ETHIK FIEL ERST IN DER ALLERLETZTEN RUNDE

Kloake, versteppte Unterwelt. Ich tauche ein in den fast leer ge-fischten Raum unseres abendländischen Denkens. Schicht um Schicht wühle ich mich hindurch, die platt gefahrenen Reifen unserer alles überholenden Zeit zur Seite schiebend. Und immer tiefer. Fische in Stäbchengestalt ziehen bereits paniert und in Plastiksäcken ver-packt an mir vorüber, und ich muss mir eingestehen, die Moderni-sierung der Unterwelt ist voll im Gange. Und wieder Dunkelheit, dieser letzte Rebell gegen jede künstliche Erhellung. Sonderbare Geräusche dringen jetzt an mein Ohr. Es ist, als würde Poseidon höchstpersönlich mit voller Wucht gegen meine Sauerstoffflaschen schlagen. Dann vernehme ich ein Raunen von weit her. Meine Tauchuhr zeigt mir jetzt ein sonderbares Datum an, den 19. August 1936. Und ich weiß, ich muss noch tiefer, viel tiefer gehen ...

Unter mir die schattenhaften Umrisse des New Yorker Yankee Sta-dions. Ich tauche ungewollt ein in jenen Tag, da hier an die 50.000 Zuschauer toben. Ich taste mich näher an die Masse heran, ich werde ein Teil von ihr. Was soll ich hier? Ich trage plötzlich streng nach hin-ten gekämmtes Haar und eine breit gestreifte Krawatte. Eine große Tüte mit Popcorn haltend, schreie ich vor Begeisterung wie ein auf-

Abb. 16

gehetztes Tier. Ich kann hören, was sie reden, vor und seitlich und hin-ter mir. Sie sagen, Max Schmeling, der Deutsche, sei über den Großen Teich gekommen. Jetzt klettere er gleich gegen den unbesiegbaren Joe Louis in den Ring. Schmeling, sagt der links neben mir, hätte keine Chance. Doch, falls er die einzige Schwachstelle von Louis erkennen würde, widerspricht der rechts neben mir, sähe alles wieder ganz an-ders aus. Und ich erfahre, dass Louis nach einer Serie von linken

Haken zumeist kurz die Deckung fallen lässt. In diese Lücke der Aussichtslosigkeit müsste der Außenseiter Schmeling boxen, will er diesen Kampf überleben. „In dieser Nacht, mein Junge, wird nicht wild aufeinander eingedroschen, sondern mit Fäusten Schach gespielt, du wirst es sehen."

Aber was hat das alles mit Ethik zu tun? Ich will hinauf, ich will zurück. Ich reiße am Rettungsseil, das mich notfalls steil nach oben führt, doch dieser Ausstieg aus dem sichtbar falschen Tag ist für mich nicht mehr vorhanden. Meine Hand greift ins Leere oder mitten hinein ins Erschrecken, mich gänzlich im Zeitstrom verirrt zu haben. Ich weiß nicht, was es bedeuten soll. Oder hat sich vielleicht auch innerhalb der Philosophie einst ein solcher Jahrhundertkampf ereignet? Und dann endlich gibt mir meine Philosophenrunde über Funk zu verstehen, ich sei am richtigen Platz. Kämpfe mit hart gepolsterten Lippen über die volle Distanz würden mich gleich hier erwarten.

Ja, um den Ursprungssatz der mittelmeerischen Ethik werde hier geboxt, um das erste Manifest humanen Denkens im vom Orientalischen durchmischten abendländischen Raum. In diesem Fall sei Platons Dialog *Gorgias* die Arena. Ich solle mich also ganz still und ruhig da unten verhalten, mich nicht fürchten, sie tauschten jetzt nur das Publikum und das alte Kulissenbild gegen ein neues Szenario für mich aus. Und ein wenig Furcht und Schrecken, geben sie mir abschließend scherzhaft zu verstehen, müsse jeder philosophischen Spurensuche beigemengt sein. Na gut, denke ich mir, ich harre aus …

Der erste Vorrundenkampf heißt: Gorgias, der geniale Redner gegen Sokrates, den nicht minder Genialen. Beide mit Idealgewicht, beide bestens in Form. Und Gorgias verlässt von Anbeginn die Deckung und schlägt zu:

GORGIAS:

> *„Wenn man durch Worte zu überreden imstande ist, sowohl
> an der Gerichtsstätte die Richter, als in der Ratversammlung
> die Ratsmänner (…) so wird der Arzt dein Knecht sein, der Turn-
> meister dein Knecht sein."*[41] *(Gorgias. 452 e).*

Und SOKRATES kontert:

> *„Also belehrt auch der Redner nicht in den Gerichts- und an-
> deren Versammlungen über Recht und Unrecht, sondern macht
> nur Glauben." (Ebd. 455 a).*

Doch bald treibt Sokrates seinen Gegner rhetorisch in die Seile
und beißt sich an ihm fest. Wäre die Überredungskunst nur
Glauben erregend und hätte nichts mit dem Gerechten zu tun, dann
wäre es möglich, dass ein Scharlatan, der nichts als die Sprache des
Arztes beherrsche, bald mehr Patienten hätte, als der wirklich heil-
kundige Mediziner. Gong. Sokrates gewinnt nach Punkten. Zweiter
Kampf …

Polos tritt in den Ring und mischt sich mit harten Fragen ein.
Auf Polos Frage, welche Kunst die Überredungskunst sei, erle-
ben wir Sokrates als tänzelnden, spöttischen Clay: „Gar keine!" Sie
sei höchstens eine gewisse Übung wie das Kochen. Bloße Rhetorik,
die nur überreden will, könne im besten Falle Lust und Wohlgefal-
len erzeugen. Mehr könne sie nicht.

Das Publikum und ich, wir toben. So frechgeschmeidig haben wir
Sokrates schon lange nicht mehr erlebt. Vom Applaus ermutigt, lässt
dieser nun sogar die Arme sinken und streckt Polos gefährlich nah
das ungeschützte Kinn entgegen:

„Hast du kein Gedächtnis in deinen Jahren, Polos, was wirst du tun, wenn du alt wirst?" (Ebd. 466 a)

Doch Polos gibt nicht auf. Für ihn halten die besten Redner der Stadt die Macht schlechthin in Händen. Denn sie töten wie Tyrannen, berauben und verweisen aus der Stadt, wen sie nur wollen. Doch das sei es ja eben, erwidert Sokrates, was sie so schwach mache, zu den Schmächtigsten der ganzen Polis. Sie machen nur das, was sie dünkt, das Beste zu sein – ohne jede Erkenntnis.

In den nächsten Runden wird der Ton rauer, die Schlaganzahl erhöht.

POLOS: „Erbärmliche Sachen sagst du, ganz ungewaschene."

SOKRATES: „Ei, teures Freundchen, dass ich dich doch nach deiner Weise anrede, schelte nicht." (Ebd. 467 b)

Machthaben muss nach Sokrates stets verbunden mit dem Guten sein. Demnach muss das Handeln des Tyrannen, dem jede Erkenntnis fehlt, ein Übel sein. Gong. Alles in die Ecke. Letzte taktische Anweisung, Eis ins Gesicht und wieder raus. Und jetzt, in dieser allerletzten

Abb. 17

Runde, steht Sokrates breitbeinig da. Seine sonst so feine Rhetorik schlägt in eine Motorik um, die nur im nackten Überleben wohnt. Auf die provokante Frage des Polos, ob er denn lieber Unrecht leiden würde, als Unrecht zu tun, kommt es zu dieser sonderbaren Armbewegung, die man auf Raffaels Bild erkennt. Sokrates streckt Polos (am Fresko wird es der Feldherr Alkibiades sein) seine Arme entgegen, winkelt sie ab. Die Handballen auf sich gerichtet, wird er nun die Finger krümmen und auf den eigenen Brustkorb verweisen. Und er sagt:

> „... müsste ich aber eines von beiden, Unrecht tun oder Unrecht leiden, so würde ich vorziehen ..."

Und nun kommt es zu jener Denkwürdigkeit, von der sich das Böse des Abendlandes bis heute nicht erholt hat. Sokrates spricht die Präambel, den Gründungssatz der Ethik:

„... LIEBER UNRECHT ZU LEIDEN ALS UNRECHT ZU TUN." (Ebd. 469 c).

Nach diesem Verzicht auf den Schlag lässt Sokrates die Arme fallen: Der erste Geburtsschrei des Gewissens kam in diesem Moment auf die Welt, das erste Gebot der abendländischen Ethik.

Die Wucht der sokratischen Selbstbeherrschung, der Druck dieser erstmals laut geäußerten INNEREN STIMME wirft Polos wie einen Besenstiel zu Boden.

Wir reißen vor Begeisterung die Arme in die Höhe und übersehen fast, welcher Koloss zum Hauptkampf nun die Agora betritt. Ein Zweimeterkerl im glitzernden Kapuzenmantel. Der Unbezwingbare steigt über die Seile wie ein Donner: K a l l i k l e s .

Und der legt los: Nomos, das Gesetz, meint er, hätten sich bloß die Schwachbrüstler von Athen ausgedacht, das gerechte Verteilen an alle sei ein Trick, um die von Natur aus Starken, wie Kallikles, in die Knie zu zwingen, in eine falsche Gerechtigkeit. Und überdies sei das kein Zustand für einen richtigen Mann, das Unrechtleiden hinzunehmen wie ein Knecht. Nein, das von Natur aus Kräftige habe die Macht zu haben, dies sei gerecht. Sokrates wirkt angeschlagen. Sein Trainer drückt ihm den Eisbeutel kurz auf die Brauen, die sich nur mehr kraftlos und breit angeschwollen ans sokratische Stirngewölbe krallen.

Nächste Runde ... Im Gegenteil, sagt Kallikles, und setzt gleich zum Auftakt nach: Das Würdigere, das Bessere und das Lustvollere seien alles nur ein und derselbe Name für die natürliche Kraft des Stärkeren. Und er demütigt Sokrates mit der Aussage, dass Philosophie zwar das Richtige für Knaben sei, aber nichts für einen erfahrenen Mann. Und er warnt ihn auch vor seiner allzu großen Naivität. Sie könnte Sokrates noch einmal das Leben kosten. Er wäre mit dieser Haltung nicht imstande, einen anklagenden Schwächling abzuwehren. Sokrates wird in diesem Moment den Giftbecher spüren, er taumelt. Er, der immer alles nicht weiß, fuchtelt mit ein paar kraftlosen Parabeln zurück. Er sagt: Das sei Stopfgansdenken, das sei wie aus einem lecken Fass Wasser zu schöpfen etc. Und setzt dann zum letzten Befreiungsschlag an:
Kein Mensch, meint er, der am Unrecht Gefallen finde, könne jemals mit diesem Dämon, in Gestalt seiner inneren Stimme, in sich weiterleben, mit diesem Meisterboxer innerhalb der eigenen Brust. Niemals ...
Und erst jetzt fange ich an, die sokratische Körperhaltung auf Raffaels Fresko ein wenig mehr zu verstehen. Sie besagt: Mein stärkster Gegner, der steckt in mir, der bin ich mir selbst. Und der würde uns ein Leben lang peitschen, ans Unrecht erinnern. Nicht loslassen. Niemals.

Sokrates wirft noch einmal alles in den Ring, wenn er zu Kallikles sagt:

„Und ich wenigstens, du Bester, bin der Meinung, dass besser meine Lyra verstimmt sein und mißtönen möge oder ein Chor, den ich anzuführen hätte, und dass eher die meisten Menschen nicht mit mir übereinstimmen, sondern mir widersprechen mögen, als dass ich allein mit mir selbst nicht zusammenstimmen, sondern mir widersprechen müsste.“ (Ebd. 482 c)

In ihrem Essay Über das Böse schreibt Hannah Arendt zu diesem sokratischen Argument:

„Das Gemeinte ist klar: Selbst wenn ich einer bin, bin ich nicht schlicht Einer (…) Dieses Selbst ist keinesfalls eine Illusion; indem es mit mir spricht, macht es sich hörbar (…) und in diesem Sinne, bin ich als Einer, Zwei-in-Einem (…) Der Satz enthüllt auch den eigentlichen Grund, warum es besser ist, Unrecht zu leiden, als Unrecht zu tun: Wenn ich Unrecht tue, bin ich dazu verdammt, in erträglicher Intimität mit einem Unrechttuenden zusammenzuleben; ich kann ihn nicht loswerden.“[42]

Doch diese Argumentation zeigt bei diesem Gegner keinerlei Wirkung. Und dann holt Kallikles zum Schlage aus, von dem sich das Gute wiederum bis heute nicht erholt hat. Er spricht die Präambel der alltäglichen Diktatorenschaft. Er spricht in einer Serie von verbalen Schlägen: Er spricht sehr gegenwärtig von der Lust, die Aggression nicht freudig aufzuschieben, um sie ins Über-Ich zu treiben, dort zu zähmen, bis ein Gewissen daraus wird; sondern im Gegenteil, sie rauszuschleudern, dem Nächstbesten ins Gesicht. Später schreibt Freud in seinem Werk Das Unbehagen in der Kultur:

> „Das Böse ist oft gar nicht das dem Ich Schädliche oder Ge-
> fährliche, im Gegenteil auch etwas, was ihm erwünscht ist, ihm
> Vergnügen bereitet."[43]

Er kombiniert mit einem Hieb alle Schlagvarianten, die jeder von der Macht Besessene kennt: Den Untergriff, den Nierenschlag und jenen gegen die Lenden. Das natürlich Starke sei nicht nur gerecht und schön, sondern auch lustvoll, mache die Auserwählten glücklich und sei alles in allem der beste Weg zur Glückseligkeit. Nur wer zur größten Zügellosigkeit imstande sei, der habe die Aufgabe der Physis im Leben kapiert.

Und Kallikles' Züge, sein Körper, sein Gang verwandeln sich dabei in die eines heutigen turbo-neoliberalen Mannes in bester Lage. Er verlässt smart, eiskalt, mit einem Pragmatismus im Blick, der so glatt ist wie sein Kinn, die Agora von Athen. Um gleich danach in Brüssel am Flughafen wieder auszusteigen. Auf sieben Handys gleichzeitig verbunden ...

Unter dem enttäuschten Gejohle des Publikums: „Sokrates steh auf, das ist uns zu wenig, viel zu wenig, du hast uns schon mehr an Rede- und Überzeugungskunst gezeigt!", wird dieser vom Ringrichter ausgezählt. Der Kampf ist vorbei, bis heute verloren?

Postskriptum

Als Max Schmeling 1936 diesen legendären Kampf gewinnt, titelt die *Detroit Free Press: Kuh tötete den Metzger.* Zwei Jahre später geht er gegen Joe Louis schon in der ersten Runde zu Boden. Vielleicht auch nur, um keine Schlagmaschine

Abb. 18

der Nazis zu sein? Wer weiß? Denn zu diesem Zeitpunkt hält er zwei Juden in seiner Wohnung versteckt und seine jüdische Frau seit Jahren schützend im Arm. In der Zeit danach wird zwischen den beiden Faustgiganten eine tiefe Freundschaft entstehen. Kein Funken Kallikles steckte in den beiden. Max wird zuletzt das Begräbnis für den verarmten Joe bezahlen, weil der seine Ersparnisse nicht an sich verschleudert, sondern an andere verschenkt hat.

Diese Begegnung, diese Freundschaft, kann es zwar im richtigen Leben geben, aber leider nicht in der Philosophie. Hier haben wir nach dem französischen Philosophen Badiou[44] nur die Wahl: Für Sokrates oder für Kallikles zu sein. Denn eine aufgeweichte, stark verdünnte Gerechtigkeit, die gibt es für ihn nicht. Jede Ethik, die es wert ist, als solche bezeichnet zu werden, hat treu zum „Ereignis Sokrates" zu stehen. Und damit auch hinter diesem tief in die Säulen unserer Kultur gemeißelten Satz. Unbeantwortet bleibt letztlich die Frage: Wer, wer von uns, traut sich noch gegen einen Kallikles in den Ring? Schweißgebadet tauche ich auf …

4.1 Zweite Tauchfahrt oder 152 Millionen Kilometer über der Welt

Es war Mittag geworden. Und über meine Stirn war inzwischen so viel an Schweiß geflossen, als entspringe haargenau an dieser Stelle die prallste aller Mittagshitzen. Die Deutung des zweiten Mudras auf Raffaels Fresko stand mir bevor. Meine Philosophenrunde nahm am

Abb. 19

Sonnendeck in ihren Klappstühlen Platz und sah mich erwartungsvoll an. Ihr Wissen, das sie mir nicht mitteilen wollten, hielt meine Fröhlichkeit in Grenzen. Meine erste naive Frage an sie, ob denn das Gute sichtbar für mich wäre, wurde mit der knappen Antwort quittiert: „Du würdest erröten, wenn du es siehst." Was sollte das schon wieder heißen? Wie müsste ich diesen in Richtung Firmament gestreckten Arm von Platon interpretieren? Diesen Zeigefinger, der streng und ein wenig oberlehrerhaft in den Himmel deutet? Und weshalb würde ich erröten, sollte ich das Gute sehen? Was unterschied seine Ethik von jener, die gleich nebenan schützend in den Armen des Sokrates lag, jene Stimme in unserer Brust, jenes Gewissen, das uns stets einmahnt, dass es in jedem Fall besser sei, Unrecht zu erleiden, als Unrecht zu tun?

Ich nahm meine Brille ab, sah mir den mysteriösen Zeigefinger aus kürzester Entfernung an. Ich ließ meinen Blick über die besagte Fingerkuppe gleiten. Und plötzlich war es, als schnallte man mich an diesen Arm. Von irgendwo hörte ich noch ein „*three ... two ... one ... zero!*" Dann zündete die erste Stufe, dann flog mein Haar, mein

Körper, mein Nichtwissen mit mir auf und davon. Platons Arm glich einer Abschussrampe auf einem antiken, sehr frühen Cap Canaveral. Die Köpfe der Philosophen, das Schiff, der Hafen, ganz Athen, ja selbst das große Mittelmeer schrumpfte zu einem winzigen Punkt. Europa wurde immer kleiner unter mir und dann, ich muss es sagen, die ganze Welt. Meine innere Stimme wurde 152 Millionen Kilometer hoch in die Luft geschleudert. Was war geschehen?

In Platons Schrift Der Staat[45] wird sich der erste bemannte Raumflug ereignen. In der Kapsel schwebt schwerelos der sokratische *daimon*, dieser helfende Halbgott in uns, unsere innere Stimme. Mit Platon hebt die bis dahin erdschwere Seele gleichsam vom Boden ab. Sie wird den Innenraum der Brust verlassen. Sie sagt dem Fleisch der Brust ade. Sie wird ab jetzt weit oben, in Millionen Kilometer Entfernung, ihr neues Quartier beziehen. Das nur Hörbare wird sichtbar, materialisiert sich nach außen, von einem unantastbaren Feuerkranz ummantelt. Und unsere bisher nur der eigenen Verantwortung obliegende Ermahnung, besser das Gute als das Böse zu tun, wird im Äther eingeschmolzen in die ewige Idee des Guten. Unzerstörbar für immer und ewig, unseren Anfeindungen, hasserfüllten Händen und allen möglichen Reichweiten von Bespuckungen entzogen, einfach, weil dieses Gute zu hoch, zu ungreifbar über uns liegt. Diesen metaphysischen Raumflug, dieses „In–die-Luft-katapultieren" des Unbegreiflichen erklärt uns Platon mit einfachen Bildern:

Um zu hören, braucht es ein Ohr und etwas, was man hören kann. Dies sei alles, mehr brauchte es dazu nicht. Kein Drittes sei von Nöten. Doch für das Sehen reicht diese Bescheidenheit nicht aus. Unser Auge verlangt neben dem Gesehenen nach einem Dritten: Es verlangt nach Licht! Dem Licht von Helios, dem Sonnengott. Platon wird das Auge als „das sonnenhafteste unter allen Sinnesorganen" deuten. Und er schreibt:

> *„Diese Sonne – das kannst du als meine Ansicht verkünden –*
> *ist jener Sproß des Guten, den sich das Gute als Abbild seiner*
> *selbst gezeugt hat: was es selbst in der Welt der Gedanken ist*
> *gegenüber dem Verstand und dem Gedachten, das ist die Sonne*
> *in der Welt des Sichtbaren gegenüber dem Gesichtssinn und*
> *dem Gesehenen.“ (Der Staat. 508 c)*

Und nun zündet er die nächste Stufe seines Vergleichs: Schaut das Auge auf Dinge im dämmrigen Licht, dann erscheinen diese Dinge uns farblos, stumpf und blind. Unter der Leuchtkraft der Sonne jedoch erstrahlen die Dinge wiederum im vollsten Glanz. Auf die gleiche Weise haben wir uns die Seele vorzustellen. Ist sie auf Einsicht und Erkenntnis ausgerichtet, verfügt diese Seele an Denkkraft.

> *„Wenn sie aber auf die Welt schaut, die mit dem Dunkel ver-*
> *mischt ist, (…) dann hat sie bloß Meinungen und wird blind,*
> *ändert ihre Ansichten bald so, bald anders und erweckt den*
> *Eindruck, ohne Verstand zu sein.“ (Ebd. 508 d)*

Doch diese Idee des Guten, die sich tagtäglich als Sonne über uns zeigt, ist für Platon noch schöner als die Wahrheit, als jede Erkenntnis, als alles, was unserem Verstand vermittelt werden kann. Erkenntnis und Wahrheit sind nur „gutähnlich“. Das Gute hingegen ist ein unentwegter Mittag, eine Entität am permanent höchsten Stand. Sie gewährt uns „Werden, Wachstum und Nahrung, ohne selbst dem Werden unterworfen zu sein“. (Ebd. 509 b) Diese Sonne, gedacht als höchstes Gut, unterliegt nicht dem Seienden, sondern ragt weit darüber hinaus.

Aus diesem Sonnengleichnis wird Platon die Idee der Idee generieren, auf diesen wenigen Seiten im *Staat* wird er den ersten Rohentwurf für den späteren Eingottglauben in diesen Meeresbreiten skizzieren.

Einmal, zu Mittag, sendet das Sonnengute uns ein unverkennbares Zeichen, was Menschsein in Wahrheit bedeuten könnte: ein Leuchten am höchsten Stand. Und welche Hautfarbe wir auch tragen mögen, die Wärme des Seins verteilt sie gleich und damit gerecht auf unserer Haut. Sie benötigt das Morgenland, um täglich aufzustehen, und das Abendland, um dort in Frieden die Nacht über zu schlafen. Sie braucht beides. Doch das war einmal. Jetzt hat der Westen ihre Bahn und damit das Gute halbiert. Den verfemten, orientalischen Teil des Lichts aus unserem von Sonnenblockern der Stufe 30 abgesicherten Gesicht verbannt, zugeschüttet, wegbombardiert. Nun geht diese neugeschaffene Sonne für uns Westler im Westen auf und über unseren hauseigenen, mit Kunstschnee wieder zu Gletschern gemachten Gletschern unter. Anders gesagt, unsere mit Viagra gedopte Sonne, sie steht. Sie gehorcht dem Befehl, dem Titel, den der österreichische Filmemacher Ferry Radax einst einem seiner legendären Kurzfilme gegeben hat, er nannte ihn: „Sonne halt!"

Doch der ursprüngliche alte Weg ist in Spuren noch erkennbar: Er erstreckt sich vom Orient zum Okzident. Damit ist der Weg gemeint, vom weiß getünchten Tonnengewölbe bis zum verglasten „ImmerHöherHaus", vom Verschleierten bis zum unendlich Entblößten. Vom Märchen aus Tausendundeiner Nacht bis zur Aufklärung, wo in der Helligkeit ganz klar die Köpfe rollten. Ein Weg vom Mythos zum Logos. Von der östlichen Verzauberung zur westlichen Erzählung, dass das Ornament im Rationalen nichts zählt. Und wieder retour. Dieser Zusammenklang all unserer Gegensätze, das war die Bahn der alten platonischen, antiken Sonne, über diesem Meer.

Das hat er wohl mit seinem Fingerzeig nach oben gemeint: Sie, die Sonne, als die früheste Verfasserin einer mittelmeerischen Ethik. Sie, der flimmernde Kategorische Imperativ, der tagtäglich über uns erscheint: für alle, die hier wohnen. Sei es als Flüchtling, als Nomade, als sesshafter Bürger der Polis. Egal. Das Gute wanderte mit uns mit, diese Idee folgte treu unserem Schatten. Und heute? Sonne halt!

Doch einen wesentlichen Teil dieser schönen Geschichte hat uns Platon verheimlicht, er hat uns die Aporie unterschlagen, dass jedes längere Betrachten des Höchsten Guten in die menschliche Blindheit führt. Auf dieses rätselhafte Verhängnis verweist Maurice Blanchot, wenn er schreibt:

> „Das Licht leuchtet; will heißen, daß das Licht sich verbirgt, es ist dies sein boshafter Zug. (…) Das Licht tilgt seine Spuren; selbst unsichtbar, macht es sichtbar; es gewährt die direkte Erkenntnis (…), während es selbst sich ins Indirekte zurückzieht und sich als Anwesenheit aufhebt. Seine Täuschung wäre also, daß es sich in eine strahlende Abwesenheit verbirgt, die unendlich viel dunkler als irgendeine Dunkelheit ist (…) So ist das Licht (mindestens) zweifach trügerisch: weil es uns über sich selber betrügt und uns betrügt (…) Das Licht ist Zwielicht (…), weil die Wahrheit des Lichtes, die Wahrheit über das Licht vom Licht selbst verdunkelt wird; erst unter dieser Bedingung sehen wir klar: unter der Bedingung, daß wir die Klarheit selber nicht sehen.“[46]

Dieser mächtige Einwand lässt mich wieder auf den Boden plumpsen. Dieser Einwand lässt mich aus 152 Millionen Kilometern Höhe fallen, auf die rohen, von Camus' Zigarettenstummeln überhäuften Planken unseres Geisterschiffs. Doch zum Glück wird Aristoteles mit seinen Händen, seinem Mudra, gegen diese platonische Unschärfe am Fresko intervenieren.

„Doch bis dahin", sagt Monsieur Lévinas und tauscht dabei sein dunkles Stecktuch gegen ein maritim gelbes aus, „gehen wir erst einmal an Land ..."

Zeitig verlassen wir am nächsten Morgen das Festland und kreuzen wieder hinaus auf das Ägäische Meer. Immer ostwärts, den Küsten Kleinasiens entlang. Auch die Sonne, von der so viel die Rede war, fügt dem platonischen Satz, sie sei das allerhöchste Gute, nichts mehr hinzu. Wie ein stolzer, satter Punkt erscheint sie nun am Firmament und beendet jede Spekulation, während wir uns matt unter die Strohhüte flüchten. Auf diese Sonne hat die Fingerspitze des größten Philosophen gezeigt, wegen dieser Deutung ihres ersten Ranges lässt sie keine Widerrede gelten ...

Abb. 20

Und doch! Werfen wir erneut einen Blick auf Raffaels Fresko, so scheint es, als würde der Arm des Aristoteles seinen Einspruch erheben, indem er ihn senkt. Die gespreizten Finger seiner rechten Hand weisen auf den Boden, widersprechen Platons Idee einer höchsten Idee, während die linke, mit Hilfe seines Schenkels, die Schwere seiner *Nikomachischen Ethik* stützt. Fast schon breitbeinig und geerdet steht er da, wenn er nun sein Werk immer frontaler in den strafenden Blick seines Lehrmeisters rückt. Es scheint fast, als würde er zu Platon sagen: Es sei der Boden und nicht der Himmel, den wir oben im Kopf zu überdenken haben. Oder was könnte das dritte, von mir noch ungelöste Mudra sonst bedeuten, frage ich mich und schaue meiner werten Philosophenrunde über die Schulter ihrer Reden, auch wenn ich längst weiß, Großdenker helfen dir nicht aus der geistigen Patsche, sie verkürzen nur den Weg dorthin. Monsieur Derrida gibt mir dann doch einen Hinweis mit auf den Weg: „Was er mit dieser Geste meinte, wird dir die Stätte seiner Geburt vor Ort erklären. Fahren wir nach Stagira, heim zu Aristoteles." Was das nur heißen mag? Wir tuckern weiter.

4.2 In der Philosophie ging erstmals das Licht an, als jene Sonnenfinsternis über sie kam oder Wie sich das Abendland im Morgenland erfand

Abb. 21

Wie Abfall unvollendeter Statuen liegen die Kykladischen Inseln jetzt vor uns. Einzutauchen in diese gelungene Landschaft völliger Zerbrochenheit ist selbst für ein Geisterschiff gespenstisch schön. Angesichts dieser Brocken käme man leicht auf den Gedanken, die Götter hätten nach einer wilden Steinschlacht vergessen, ihr Desaster aufzuräumen. Amorgos, Ios, Santorin …

Hier, an diesen Stränden, müssten neben dem Müll durchsungener Folksongnächte noch Zeltreste meiner Träume liegen, die ich und meinesgleichen in den 1970er-Jahren hier zurückgelassen haben. Wir fahren vorbei an all den zahllosen Utopien, die wir damals gleich nach der Ankunft unserer Fähre hatten – mit zerknittertem

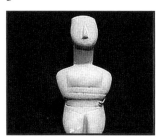

Abb. 22

Studentenausweis, mit der Intention, ganz umsonst im Paradies zu leben. Immer hier, unter dem milden Auge einer weißen Muttergottheit, eingehüllt in den Schutz eines frühen Matriarchats. Hier, nur hier, dachten wir, würden wir unsere rohen, lassoschwingenden Väter endlich los werden. Aber weiter ... Unser nächster Zielort soll Stagira sein, auf der Halbinsel Chalkidike gelegen, wo die Welt erstmals den kleinen Aristoteles erblickte. Wir legen das Ruder 90 Grad Backbord, die ionische Küste hinauf.

Und mit der Fahrt in diesen nördlichen Arm des Mittelmeeres wird zugleich auch das große Buch der Alten Welt aufgeblättert. Die Küste wird zu einem Streifen Pergament, hergerollt aus dem nahen Pergamon, das Meer zur Tinte für jenes geheime Buch, das noch immer im Giftschrank des Eurozentrismus lagert, weil sein Inhalt einen ungeheuren Skandal in sich birgt: Unser westlicher Ursprung liegt demnach im Anderswo, unser ach so stolzes geistiges Zentrum weit in einem Außerhalb. Kurzum, die geistige Wurzel unseres Abendlandes steckt tief in morgenländischer, osmanischer, in türkischer Erde ...

Jenseits des europäischen Trenngrabens liegen die wertvollsten Kronjuwelen der alten Königsdisziplin Philosophie begraben. Und hier lag auch jener besondere Tag, an dem die Philosophie sich erfand, indem sie den alten Götterhimmel stürzte und Platz schuf für die Vorboten einer rein aus Menschenhand gemachten Gerechtigkeit.

Wir schreiben den 28. Mai 585 vor unserer Zeit. Ein meteorologisch herrlicher Nachmittag liegt über der antiken Hafenmetropole Milet, dem Athen dieser Tage. Wenn da nicht diese Schlachtrufe wären, die wie finstere Krähen über den riesigen Hafenanlagen immer tiefere Kreise ziehen. Eine Bluttollheit durchquert nun die Viertel der Geldwechsler, weil man doch hier das Geld erfand, durchquert plündernd die sattbunten Warenlager orientalischer Händ-

Abb. 23

ler, zerreißt die zeltartigen Gemächer der weitgereisten Huren, jener Frauen, die sich mit dem Saft der Pupurschnecke die Augen schminken; und diese Kriegslust treibt die Fischer in ihre eigenen Netze, und mit zuckender Beute rudert der Krieg mit ihnen hinaus auf das Meer. Die Soldaten der Meder kennen im Kampf um die Vorherrschaft kein Pardon. Die milesischen Frauen und Kinder der Hafenstadt drängen sich, drängen sich immer tiefer in ihre Vorratskammern, doch für diese Furcht sind alle Speicher, jedes Gewölbe zu winzig, zu klein. Draußen steigen die Feinde längst über die Köpfe ihrer Männer, als wäre so ein Kopf nur ein Giftpilz am Boden. Jede Hoffnung schmilzt dahin, noch einmal in diesen Straßen zu flanieren – mitten im gewohnt fröhlichen Hin und Her aus vielen Sprachen. Zu groß ist die Übermacht da draußen. Alles vorbei. Wäre da nicht dieser winzige Klang eines Ausweges, jene Prophezeiung, zu verrückt, um ernsthaft an sie zu glauben. Seit Monaten verbreitet sie der klügste Mann der Stadt: Thales von Milet.

„Haltet aus! Wenn an diesem Tag die Sonne ihren Höchststand verlässt, wird euch nichts mehr geschehen. Die verfluchten Meder werden wie schreiende Kinder das Weite suchen, das verspreche ich euch. Doch fürchtet euch nicht vor dem, was sich ereignen wird, es liegt in der Ordnung der Natur. Aber hütet euch, das euren Feinden zu sagen!"

Abb. 24

Und so kam es zu diesem 28. Mai 585 vor unserer Zeit. Feldergroße Schatten stürzen sich hinunter auf das hellerleuchtete Land, mit jedem Augenaufschlag werden diese Nachtflecken größer und größer. Die Küste, das Meer, soweit man blicken kann, alles verfärbt sich und schwärzt sich ein. Am Horizont steht plötzlich eine Sonne mit pechschwarzer Pupille. Gesäumt von einem grellen Lichterkranz sieht sie zornig hinab auf die Stadt. Was für die Meder ein Gotteszeichen war, besser für immer von hier abzuhauen, war für den Philosophen und „So-nebenbei-Mathematiker" Thales nur eine kleine Berechnung, mitten unter der Langeweile eines Himmels, der seiner Ansicht nach unangenehm „voll von Göttern war". Doch was hier den Anschein einer netten Anekdote hat, birgt in Wahrheit den ersten Atemzug der Philosophie in sich.

Mit der Voraussage dieser Sonnenfinsternis wird Thales den alten Götterhimmel stürzen, ihn freiräumen für einen Kosmos, der selbst eine Vernunft, einen berechenbaren Logos in sich trägt. Die Unberechenbarkeit der Gestirne hat damit ausgedient, der Zorn der Götter wird in die Ruhelage einer Zahl gedrängt, wird berechenbar und damit für uns Fürchtende gezähmt. Doch der Sturm auf die Bastille der Götter fängt jetzt erst so richtig an. Auch in und um Milet gibt es Männer wie ihn. Anaximander, Anaximenes, Heraklit. Eines ist allen gemeinsam: Sie wollen den Ursprung unserer rätselhaften Welterkunft erklären, die *arché*. Es ist das Prinzip Wasser, aus dem alles entsteht, nein, doch eher das Feuer, so spekulierten sie. Oder vielleicht liegt der Stoff der Welt in der Luft? Und die philosophische Rugby-Mannschaft um Thales demoliert den alten Kosmos komplett. Damit liegt ihr völlig falsch, erwidert Anaximander aus Milet, der Ursprung muss im Unbegrenzten, im *apeiron* liegen, er hat nichts mit eurer plumpen Materie zu tun. Und dann notiert er den rätselhaftesten Satz der Philosophie, der uns erhalten blieb:

„Woraus aber dem Seienden sein Ursprung sei, dahinein müsse auch sein Untergang sein nach Schicksalsbestimmung. Denn es

müsse eines dem andern Strafe und Buße zahlen nach dem Richterspruch der Zeit.‟[47]

Abb. 25

Naiv gesagt, hieße das: Die Nacht bezahlt mit dem Tag, die Ebbe mit der Flut, der Übermut der Brandung mit der Versandung dieses Meeres, ja der Sommer verbüßt die Tage seiner Hitze im Januarschnee. In dieser Übersetzung des Geschichtsphilosophen Werner Jäger bahnt sich, neben dieser naturalistischen Deutung, aber etwas Unerhörtes an, für dessen Verwirklichung wir bis heute außerhalb jeder Rufnähe stehen: In diesem Satz wird die erste Spur einer Weltethik gelegt. Wie ist das zu verstehen? Die seit Jahrhunderten im Götterhimmel thronende Dike wird hinab in die menschliche Immanenz geholt. Das Recht, das Solon sonst auf den Plätzen sprach, dieses Nehmen, was einem zusteht, und die Freigabe dessen, was einem nicht gehört, zieht stattdessen als Richtspruch in den leergeräumten und somit vernunftbegabten Kosmos ein. Richter wird von nun an die Zeit sein und die in ihr amtierende Gerechtigkeit. Alles, was uns umgibt, wird einer immanenten Weltordnung unterworfen, ja, eine neue Weltnorm entsteht. Der Kosmos, gedacht als Rechtsgemeinschaft der Dinge. Alles, was uns umgibt, hat sein Maß, hat sein *peras*, seine Grenze, weil das *apeiron* darüber seine unbegrenzte Aufsicht hält. Nach dieser Entsonnung, ihrer Entmachtung, kann man leicht verstehen, dass Platon, der Freund des besagten Gestirns, in manchen seiner Schriften diese ersten Götterstürzler nicht besonders hoch schätzte.

Doch es sollte noch Schlimmeres kommen. Wieder nur wenige Kilometer nördlich von Milet, in einem Kaff namens Klazomenai, wird jener Mann geboren, der für einen einzigen Satz in die Verbannung geschickt wird. In Athen wird man ihn der *asebie*, der Gotteslästerung, anklagen. Und der Mann namens Anaxagoras nimmt seinen Satz schleunigst unter den Arm und flüchtet mit ihm nach Lampsakos. Die Sonne, sagte er, sei ein Steinklumpen, das hat den Bürgern gereicht ...

Abb. 26

Aber zurück zu den Geschehnissen an Bord. „Seht ihr, da drüben liegt Milet, ich sehe die Einfahrt ... das große Tor, in Licht und Schatten, spürt ihr nicht die Hochzeit des Lichts?", ruft Camus und zerrt ein wenig zu erregt am bügelfrischen Ärmel von Monsieur Lévinas, der ihm trocken erwidert, dass dieses Tor längst sicher geraubt und überdacht in einem Berliner Museum stünde. Doch auch ich greife jetzt zum Fernrohr, um erstmals hinüber auf den philosophischen Anfang zu schauen, auf jene Stelle, wo Thales von Milet am Meer stand.

Bemüht euch nicht", sagt Meister Agamben, seit Tagen seinen ersten Satz sprechend, „die Stelle liegt heute etliche Kilometer landeinwärts. Fahren wir weiter, es ist es nicht wert." Und Derrida verdoppelt noch meine Enttäuschung, indem er meint: „Müsste ein heutiger Thales an derselben Stelle von damals philosophieren, was meint ihr, was würde er sagen?" Wir hatten keine Ahnung. Und er klärte uns auf: „Alles besteht aus Sand, Touristenmüll und heimischer Hausratsentsorgung." Und so stehen mein Fernrohr und ich verlassen auf dem Deck. Alles, was sich vor meinem Auge erstreckt, ist ein flirrendes, gewürzreich-menschenloses „Wind-Geröll-Gemisch", von der totalen Sonneneinsamkeit umrahmt, dahinter nichts als ausgebleichte Hügelketten, Risse, Brüche, aus denen vielleicht

Abb. 27

manch ionische Säule wie ein Hundeknochen ragt. Oder ein Theater, auf dessen eingestürzten Reihen eine Hundertschaft von aufgeregten Zikaden hockt. Mag ja sein, es lag am Fluss Mäander, der seinen Sand immerzu ins Meer hinaustrieb, so lange, bis die größte Hafenstadt von damals landeinwärts verschwand, mag ja alles so sein, enttäuschend ist es doch. „Aber nein", sagt Monsieur Lévinas und nimmt mich tröstend am Arm, „Ihre Enttäuschung ist doch der Beweis für jenen geheimnisvollen Satz des Anaximander: ‚Der Philosoph des Wassers zahlt eben Buße, indem er versandet, gemäß dem Richterspruch der Zeit ...‘"

4.3 Eine Ethik vom Gehen und vom Begreifen

Man nannte ihn den Stagiriten, denn er besaß vorerst keinen Namen, man benannte ihn nach dem kleinen Dorf weit oben im Norden, aus dem er kam. Ein Unbedeutender aus der Provinz, einer, der in Athen kein Bürgerrecht besaß. Nichts besitzen durfte, außer einem Aufenthaltsrecht, wofür man zahlen musste. Ein Geduldeter, ein Zugereister, ein Metöke. Ein Umherwandler, später. Er lispelte, war schlecht auf den Beinen, die Nachfolge Platons wurde ihm verwehrt. So war er oft auf Reisen, oder weniger geschönt gesagt, auf der Flucht. Und doch hat dieser chancenlose Fremde die bedeutendste Ethik der Alten Zeit verfasst. Auf Raffaels Fresko trägt er seine Ethik stolz im Arm.

Aristoteles. Seiner Handlungslehre nach müsste er „Aristo-Telos" heißen: *das edle Ziel.* Aber lassen wir ihn jetzt selbst zu Wort kommen:

„Der Teil der Philosophie, mit dem wir es hier zu tun haben, ist nicht wie die anderen rein theoretisch – wir philosophieren nämlich nicht, um zu erfahren, was ethische Werthaftigkeit sei, sondern um wertvolle Menschen zu werden. Sonst wäre dieses Philosophieren ja nutzlos."[48] (NE. II, 2).

Abb. 28

Gleich wie die milesische Philosophie zuvor, sucht auch er nach der arché, nach den vier Elementen, aus denen alles entsteht. Doch er meint damit nicht die äußere Natur, sondern die des Menschen.

> *„Keiner aber hat das Was-es-ist-dies-zu-sein, das heißt das Wesen, deutlich angegeben."*[49] *(Met. I.7, 988a).*

Was-es-ist-dies-zu-sein? Eine harmlose Frage, müsste man meinen, doch dem ist nicht so. Sie sprengt, sie spaltet die Mittagslangeweile der Antike und nach dem Sturz der Sonne fällt nun auch ihr Lehrmeister Platon mitsamt seiner Zweiweltenlehre krachend zu Boden. Möge es noch so viele Ideen geben, meint Aristoteles, in jedem Falle liegen sie im Diesseits des Seins, liegen sie bei uns. Und er fragt sich: Was macht das Seiende zum Seienden? Was ist die Substanz? Was formt mich zum Menschen? Welche

Abb. 29

Kräfte sind hier am Werk? Die Natur vergeht und kommt, Äpfel werden faul und verlieren ihre Qualität, nach einem Regen steigt die Quantität des Wassers. Alles ist in Bewegung. Aus den Fragewörtern wo?, wann?, wie? formt er seine Philosophie. Was ist mein *hypkeímenon*, was ist mein Zugrundeliegendes, was ist mein Wesen? Meine *ousia?* Der Namenlose aus Stagira erfindet in diesem Moment die Metaphysik, stößt hinein in den Nebel aus Fragen, die über der physikalischen Welt sich verdichten. Er, der Gehende, der Peripatetiker, der an den sizilianischen Stillstand eines Parmenides niemals glaubt, blickt hinunter auf seinen Fuß, er schaut auf seine Hand. Oben in der gestürzten Götterwelt gilt nur die kreisende Bewegung, doch wir, denkt er sich, wir Sublunaren, die unter dem Mond leben, hätten nur Schwindelanfälle, täten wir es ihnen gleich. Wir von da, wir von unten haben nicht die Aufgabe, sinnlos zu kreisen, wir müssen geradeaus. Und? Wir selbst haben nur einen Zweck, uns selbst zu begreifen. Dazu benötigen wir keine platonische Sonne, weil wir nicht das Abbild eines Urbildes sind, das verloren im Äther an unsere Erinnerung appelliert. Wir brauchen dazu nur eines: eine gute Hand, gleich wie der Zimmermann, der Arzt, der Fischer. Denn keiner von uns kauft einen Stuhl, mit dem man umfällt, eine Medizin, die den Durchfall beschleunigt, einen Fisch, der schon im Hafen stinkt. Oder feiner formuliert: Wir benötigen das Begreifen mittels klarer Begriffe und Kategorien. Ein Ding kann schließlich nicht rund sein und zur selben Zeit eckig, das schließt sich aus.

Was ist es also, was uns ausmacht? Unsere *arché* sei nichts anderes als geformte Materie, die einen immanenten Zweck hat, ein ganz bestimmtes Ziel. Aber dieses in jedem von uns liegende Wollen muss erst von der Möglichkeit (*dynamis*) in den Zustand der Wirklichkeit (*energeia*) getragen werden. Ergon, nennt er den Trägerstoff und beobachtet dabei die Sehnsucht der Raupe, endlich ein Schmetterling zu werden, oder den Wunsch einer Blüte, einmal in die Mächtigkeit großgewachsener Platanen überzugehen. Und er fragt sich: Hat nicht auch mein Auge nur eines im Sinn, nämlich in diesem Augenblick, die Dinge vor mir erscheinen zu lassen? Doch welches Ziel hat der gesamte Mensch? Was soll die Seele tun, dieser *eidos*, diese innere Formung unserer Haut und Knochen? Was ist ihr Auftrag, ihr *telos*? Schon in den Anfangssätzen seiner Nikomachischen Ethik ist die Antwort enthalten:

> „Jedes praktische Können und jede wissenschaftliche Untersuchung, ebenso alles Handeln und Wählen strebt nach einem

Gut, wie allgemein angenommen wird. Daher die richtige Be-
stimmung von 'Gut' als 'das Ziel, zu dem alles strebt'."[50]
(NE I.1, 1094 a).

Abb. 30

Jeder von uns strebt nach einem Gut. Der Hedonist, meint er, er-kennt darin nur sein Fressen & Sau-fen, und der, der Politiker werden möchte, sieht im Gut nur die Lust auf Ehre und Macht. Der philoso-phische Mensch hingegen hegt und pflegt die kluge Tätigkeit der Seele gemäß seiner Vernunft. Einem Bildhauer gleich, formt er seine Tugend, stemmt sie aus der *hylé*, aus dem Material, aus dem wir sind. Und der Kluge wiederholt diesen Vorgang sein Leben lang. Gut, sagt Aristoteles, ich gebe es ja zu, reich zu sein und schön ge-baut, soll dabei kein Nachteil sein. Doch diese angeborene Äußer-lichkeit darf und soll auch nicht der Telos des Telos sein, das Ziel des Zieles, von ihm *entelecheia* genannt. Das Ergebnis, von eigener Hand geformt, liegt anderswo: im guten, im gelingenden Leben, im *eu zen*. Doch nur durch gutes Handeln (*eu prattein*) inmitten der Verkettung äußerer Polis & innerer Vernunft wird es zu erreichen sein. Politisches Handeln finden wir bei ihm noch tief eingebettet in die ethische Reflexion. Beide erscheinen in seinen Schriften als ein untrennbares Geschwisterpaar.

Stürzt man das Eine, rottet man auch das Andere damit aus. Heute erlebt man das alte Geschwisterpaar nirgendwo mehr gemeinsam auf den Bühnen der Welt. Tritt der eine auf, geht der andere auto-matisch ab. Oder ein wenig hemdsärmelig formuliert: Wo Politik draufsteht, ist mit Sicherheit keine Ethik darin enthalten.

„Wer aber nicht in Gemeinschaft leben kann oder in seiner Autarkie ihrer nicht bedarf, der ist kein Teil des Staates, sondern ein wildes Tier oder Gott."[51] (Pol. I. 2, 1253a).

Und die stete Aufkündigung der Nachbarschaft macht Platz für neue Mieter, für kultivierte Familien, die Eichmann heißen, die ihre Kinder in die Ballettschule bringen, während das Böse immer mehr zum Kavaliersdelikt zusammenschrumpft. Im 21. Jahrhundert zahlt sich das Gerechte nicht mehr aus. Politik und Gerechtigkeit, zwei Geschwister, die die Straße wechseln, wenn sie einander sehen? Aber zurück ...

Aristoteles lehrt, schreibt und wird älter. Und Athen bedankt sich dafür in alter Manier und bleibt damit antiker Europameister in Sachen Verbannung. Nachdem sich die Stadt von ihm bereichern hat lassen, jagt sie den Metöken aus ihren Reihen, wie einen Hund. Jagt ihn in die destruktivste Richtung aller Winde, in jene fünfte, die heute verstärkt die Ministerköpfe durchweht, ins Hinaus! „Was meint ihr, was hätte der Stagirit zu unseren heutigen Schlagzeilen gesagt?", befragt Agamben die erlesene Runde. „Aus der demokratischen Polis wurde eine Oligarchie, die im Namen friedlicher Bürgerschaft im Ausland barbarisch kämpft ..."

Al-Kindi, Ibn Sina, Maimonides, Ibn Rushd – es ist den arabischen und jüdischen Gelehrten zu verdanken, dass Jahrhunderte später das lateinische Abendland von all seinen Schriften erfährt. Wir kannten nur einen Teil. Sie übersetzten den Ursprung, die *arché*, unseres heute vermeintlichen Vorsprungs. Dafür bedankten wir uns mit der eurozentristischen Lüge, die Orientalen hätten eben eine frühe Aufklärung nie gehabt. Nur wir, nur wir. Aber die Wahrheit bleibt auf den Karten des Denkens bestehen, auch das geistige Athen war nicht vor Ort entstanden, sondern wurde an seinen Rändern, in Ionien, in Süditalien, auf Sizilien gebaut. Zentren sind gnadenlose Feldherren, sie plündern ihr Umfeld aus.

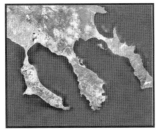

Abb. 31

Zehnter Tag. Und in der Ferne schemenhaft Chalkidike. Gemäß der mythologischen Deutung soll diese sonderbare Landschaft eindeutig der Dreizack des Poseidon sein.

Unsere Deutung sperrt sich dagegen. Wir sehen darin die Hand des Meisters, nach strengen geophilosophischen Aspekten geformt. Rechts vor uns der mystische Zeigefinger Gottes, die Mönchsrepublik Athos. Abgeschnitten, weil von jeder Weiblichkeit getrennt. Die von Weihrauch schwarz gefärbten Ikonen starren zeitlos in unser Wesen oder schauen fragend nach oben. Der russische Pope

Abb. 32

hingegen, der seit achtzig Jahren hier lebt, hebt seinen Augendeckel nur selten mehr hoch. Denn was ist schon die Zeit, denkt er sich, in solchen Wehrburgen des Guten, nichts als Wartezeit. Und es ist eigenartig: Das Asketische zwingt den Höhen und Tälern in üppigster Weise seine Klöster auf. Ein bacchantisches Fest der Unfestlichkeit. Kein weibliches Tier hat dieses Eiland je betreten. Pardon, weibliche Katzen genießen ein von höchster Stelle erteiltes Zutrittsrecht, nur sie, heißt es, jagen am besten die ketzerische Rattenschaft.

Ganz im Norden des Zeigefingers dann, sagen wir, in der Mulde des Daumens – den die Kartografen verschweigen: das

alte Stagira, wobei immer mehr
Orte neuerster Prägung felsenfest
behaupten, das alte Stagira zu sein.
Zählte man die Gipsstatuen, die den
Denker vor diesen Dorfeinfahrten
zeigen und somit die freie Sicht auf
Fertighäuser plus Supermärkte ver-
stellen, wäre Aristoteles hier dut-

Abb. 33

zendfach auf die Welt gekommen. Doch wir wissen Bescheid und
ankern in der Bucht des 700-Seelen-Dörfchens Olimbiada.

Hier, südöstlich des Ortes, auf der kleinen Halbinsel Liotopi,
hat man erst vor wenigen Jahren den wahren Geburtsort des
Aristoteles entdeckt.

Alles liegt verborgen, was eine kleine, ideale Stadt am Meer zum
zeitlosen Dahindämmern braucht: Agora und Stoa, ein Brunnenhaus,
eine antike Straße, die Akropolis,
ein Laden mit Vorratskrügen, von
Befestigungsmauern umgeben. Und
schließlich die Schritte des Meisters,
der mit siebzehn für immer von
hier wegging. Doch von all dem erhält man nur das Zitat, währenddes-
sen das Meer fast zu outriert mit

Abb. 34

seinem Blau dagegenschlägt und Ölbäume hemmungslos die Mau-
erreste spalten. Auch das um eine Spur zu hastige Verschwinden der
Eidechsen zeigt uns deutlich, dass sie, die neuen Bewohner, keine Be-
sucher ertragen. Ein wunderbarer Ort, den Philipp II. zerstören ließ.
Doch in tiefer Verehrung zu Aristoteles ließ dieser das Nazareth aller
Zweifler und Stauner noch einmal aus den Trümmern entstehen.

Zuletzt gibt uns Strabon die Auskunft, man hätte den sterblichen Rest des Philosophen hierher überführt und ihm zu Ehren einen Altar gebaut. Die Suche geht weiter.

Es wird Abend in dieser Bucht, von der man sagen kann, dass das Posieren für den sommerlichen Reisekatalog absolut gelungen sei. Im Fensterlicht des einzigen Hotels „Liotopi" kochen Schatten gerade Lammbraten mit Rosmarin. Der einsame Gast auf der Terrasse streicht sich sonderbar lange durch das Barthaar, lächelt und stößt dann mit einer winzigen Geste mein gut vertäutes Schiff wieder hinaus auf das Meer. Aristo-Telos! Und wir fragen uns alle, ist er der unbewegte Beweger, der Schlussteil in seiner Metaphysik?

4.4 Wenn Landzungen philosophieren

Wieder zurück, an den zahllosen Klöstern der theokratischen Republik vorbei, an diesem Zeigefinger Gottes mit seiner Ermahnung, dass jedes Begehren im Hier und Jetzt keine Zukunft hätte. Wer Frau oder Kind ist oder Mann ohne Pilgerpass darf diesen Ort des Verzichtes nicht betreten, niemals berühren. Wir müssen also auf den Verzicht verzichten und segeln weiter. Doch auch der Ringfinger weiter im Westen, die Halbinsel Kassandra, scheint nicht der geeignete Platz für uns zu sein. Hier empfängt uns das ärgste Gegenteil, eine lärmende Billigkeit, als hätte ein Zuhälter aus Thessaloniki ihr, der ehemals schönen Kassandra, einen Ring aus matten Hotelanlagen mitsamt johlendem Bierbauchinventar verpasst. Dieser Glanzlosigkeit der Hedonie den Rücken zu kehren, fällt uns nicht schwer. Rohe Touristenlust oder orthodoxe Frömmigkeit und nichts dazwischen?

Wieder hinaus aufs Meer. In den Buchten des Mittelfingers gehen meine virtuellen Reisebegleiter und ich dann endlich an Land. Sithonia. Und es ist, als hätte Nemesis, die Göttin des Maßes, die besten Seiten der umliegenden Extreme hierher getragen. Kein Boxenlärm, kein Lautsprechermüll, aber auch nicht diese fast lähmende Weihrauchstille einer Mönchsrepublik. Die Bettencontainer von Kassandra sind hier zu kleinen Herbergen und Tavernen geschrumpft, die Betsucht von Athos zu einem Danke, wenn man als Fremder sein Glas Wasser bekommt. Die Menschen, auf die man hier trifft, zeichnet eine offene Zurückhaltung aus. Was für ein Leben! Das Begnügsame erfährt sich als Fülle, das Zuviel von zu Hause als sinnloser Ballast.

„Jetzt bist du geographisch im Zentrum der aristotelischen Ethik gelandet", sagt Camus und krault zufrieden eine tiefe Spur ins Wasser, die gleich hinter seinem Rücken wieder in die Tiefe versinkt. *Mesotes*, dieser aristotelische Zentralbegriff war gemeint, die Mitte von allem. Die Mitte von Geiz und Verschwendung, von Feigheit und tollkühnem Übermut. Von heutigem Ausnahme- und Dauerzustand, von Revolution und kaltblütiger Erschießung. Jene Mitte wird von Aristoteles als Ort der Gerechtigkeit gesetzt. Deshalb malt Raffael die drei aristotelischen Finger so deutlich ausgestreckt in den Putz, rückt sie so vehement in den Blickpunkt des Betrachters. In der *Nikomachischen Ethik* ist deshalb zu lesen:

> „(…) das Gerechte ist die Mitte, das Ungerechte dagegen der Verstoß gegen die Proportion." (NE. V. 7. 1131a)[52]

> „Darum nimmt man auch beim Streite seine Zuflucht zum Richter (…) einige nennen sie ‚Mittelsmänner', als würden sie die Gerechtigkeit treffen, wenn sie die Mitte treffen. So ist also das Gerechte ein Mittleres wie auch der Richter. Der Richter stellt die Gleichheit her: Wie wenn eine Linie in ungleiche Teile zerschnitten wäre, nimmt er vom größeren Teile dasjenige weg, was über die Hälfte hinausgeht, und fügt es dem kleineren Teile zu. (…) Das Gleiche ist also die Mitte zwischen dem zu Großen und dem zu Kleinen nach der arithmetischen Proportion." (NE. V. 7.1132a)[53]

Hinterlässt das Philosophieren einen Fingerabdruck in der Natur? Kann von der Gegend, in der Aristoteles gelebt hat, auf sein Denken geschlossen werden? Zeichnet diese Umgebung in vorsprachlicher Weise vielleicht sogar sein Denken auf? Umhüllt die Natur eine Haut aus Wachs, sind unsere Füße spitze Federn? Unnötige, kryptoesoterische Fragen, dem Mythos anheimgestellt? Oder geheimnisvolle Wechselbeziehungen der anderen Art? Weshalb scheint seine Hand auf Raffaels Fresko der realen Landschaftsstruktur von Chalkidike zu gleichen? Ein Zufall? Und ich greife wieder zu Deleuze und seiner Behauptung, Philosophie sei Geo-Philosophie.

> *„Der Begriff ist nicht Objekt, sondern Territorium. Er hat kein Objekt, sondern ein Territorium. Genau als solches besitzt er eine vergangen gegenwärtige und vielleicht zukünftige Form.“*[54]

Dann reise ich gerade über dieses Territorium der gegenwärtigen Form. Dann ist die Landschaft, lange vor Thales, die erste vorsprachliche Philosophin. Dann hat sie, diese Natur mit ihren drei Zungen, den jungen Aristoteles den Begriff *mesotes* gelehrt. Das Handwerk der Philosophie auszuüben, heißt für Deleuze *„die Kunst der Bildung, Erfindung, Herstellung von Begriffen“*.[55] Doch die Herstellung dieser sprachlichen Erzeugnisse verlangt nach einer Werkbank, nach einer Fläche, nach einer Ebene, auf der man sein Werkstück formt. Deleuze wird diese gedachte, imaginäre Fläche als *Immanenzebene* bezeichnen. Für Aristoteles könnte diese Ebene vielleicht jene Kindheitserinnerung namens Chalkidike gewesen sein, wo der Wind den Begriff auftürmt, ihn entfaltet, ausprägt mit Hilfe der Schubkraft unter dem Meer. Bis die Brandung das Wort *mesotes* wieder versinken lässt, bis seine Bedeutung erlischt. Oder nicht erlischt, sondern sich ewig ins Wort Chalkidike einkerbt und somit für uns sichtbar bleibt, bis heute. Wer weiß das schon. *„Das Nichtphilosophische ist vielleicht tiefer im Zentrum der Philosophie als die Philosophie selbst“*[56], meint Deleuze und verstärkt diesen Gedanken noch, wenn er in all seinen Schriften betont:

„Denken geschieht vielmehr in der Beziehung zu dem Territorium und zu Terra, der Erde."[57]

Hier auf Sithonia kann man den Beweis seiner These sehen.

Doch es bleibt dem Philosophen Husserl überlassen, diesen terrestrischen Gedanken noch weiter aufzuspannen, noch ein Stück näher an die Sache heranzutragen. Mitten im 20. Jahrhundert, lange vor Deleuze, sagt er jenen ungeheuren Satz, dessen Wahrheitsgehalt jedes Kind verneinen würde. Er wagt sich an die Worte: Die Erde bewegt sich nicht! Er wendet somit die Kopernikanische Wendung gegen die Kopernikanische Wende an. Was ist gemeint? Würde die Erde ihr Dahinrollen uns täglich spüren lassen, mitsamt der runden Körperschwere, wir fänden keinen Boden mehr unter uns, unsere Begriffe würden orientierungslos im Kopf umherrotieren. Unfähig einen geraden Gedanken auszusprechen, würden wir mit ihr durchs Weltall torkeln, weder imstande einen Horizont zu sehen, geschweige denn, über ihn hinauszudenken. Nur dank der Erdengabe, sich der menschlichen Vernunft als vermeintliche Fläche zu präsentieren, als seriöse Kartografie, sind wir noch frei auf der Welt und nicht im Gitterbett der Psychiatrie. Anders gesagt, die Erde ist und bleibt die gütigste Philosophin. Gäbe sie sich uns nicht als Fläche hin, wo sonst sollten wir unsere krummen Dinger drehen?

Tatort Mittelmeer oder wann zerstörten wir diesen Begriff? Wann floss das Blut der Bedeutung aus dem einst so mächtigen Richter zwischen Orient und Okzident? Wer hat den gerechten Vermittler zwischen dem Zuviel und dem Zuwenig bei lebendigem Leib mumifiziert? Denn heute ragt dieses Wort „Mittelmeer" halb verkümmert aus dem Wasser, kaum sichtbar ist mehr die alte Intention, das Gastrecht des Fremden in den Häfen zu sichern, sein Wissen zu sammeln, um es andernorts gerecht zu verteilen. Was ist von diesem

Wasser, einst Spediteur der Sonnenwärme, denn geblieben? Die Antwort macht traurig: nur das Riff des alten Begriffs „Mittelmeer"[58]. Ein zerfressenes, zerfranstes Territorium ist von diesem Raum geblieben, ein Gewässer, das seinerseits einen Teil der Menschheit in gefährlichster Weise ritzt. Einst Mittelmeer, nun Untermeer, Lumpenproletariat unter all den Wassern, abgesprengter Teil des Westens. Von Frontex paramilitärisch überwacht. Allein dieser Name verweist auf ihr Tun: Sie texten sich aus den Daten der friedlichen Migranten eine Front zusammen, so lange, bis die „Daten-Mauer" steht. Und die Flöße aus Gummi, aus Orangenkartons mit Spucke verleimt, prallen zu Tausenden gegen ein hochgeklapptes Meer. Europa sollte wieder einmal nach Chalkidike reisen, die Mitte Europas ist zungenlos geworden, so leer.

4.5 Indem die Landschaft das Böse speichert, erzählt sie uns vom Guten

In dieser Nacht ist es ein Satz von Heraklit, der mich nicht schlafen lässt. Er wirkt auf mich wie ein unendlich großer Stolperstein bei unserer Suche nach der Sichtbarkeit des Guten.

> *„Von welchen Leuten ich auch Erklärungen hörte, keiner kommt bis zur Erkenntnis, daß das Weise etwas von allem Getrenntes ist."*[59]

Und er verstärkt im nächsten Fragment noch seine Ahnung einer folgenschweren Isolation.

> *„Das eine Weise, das einzig und allein ist, ist nicht bereit und doch wieder bereit, mit dem Namen des Zeus benannt zu werden."*[60]

Und wo liegt das Nitroglyzerin in diesen Worten versteckt, wird man sich fragen? Setzt man statt des Weisen (*sophon*) das Gute ein (*agathon*), verschmilzt man die beiden Wörter zu einer Entität, so wird sich dieses Fragment plötzlich in eine große Beunruhigung verwandeln, in eine totale, die Ethik des Menschen betreffende Aporie.[61] Das vermeintlich Standhafteste von allem, das Gute: Es ist immer vorhanden und doch nicht hier, es wird ausgesprochen und doch nie gesagt; einer Sonne gleich, die sich hinter der Nacht verbirgt. Scheint sie nun oder ist sie längst erloschen? Wohin sollen wir jetzt noch unsere Blicke wenden? Es ist, als wäre der Begriff selbst noch einmal ein Fragment im ohnehin fragmentarischen Denken des großen Heraklit. Das Gute lässt uns dabei an einen Erzähler denken, der unter der stürmischen Ankunft eines Windes plötzlich akustisch verschwindet, wir können die spannendsten Passagen nicht mehr verstehen. Was jetzt? Mit einer gebrochenen, zerklüfteten Erzählung stehen wir alleine im Wind. Uns Zuhörern bleibt es überlassen, uns zu verantworten, die verlorenen Teile selbst zu ergänzen, uns der Welt als ganzer Mensch zu berichten, uns ins Recht zu richten. Oder auch nicht, uns bleibt die Wahl. Nach Heraklit hieße das, ich könnte noch hundert Jahre mit dem Geisterschiff durchs Mittelmeer kreuzen, der Geburtsort des Guten wäre weder in Athen noch anderswo zu finden. Für diesen Begriff gibt es kein Bethlehem. Keinen Anfang, keinen Beginn.

Doch vielleicht hat diese Verweigerung einen besonderen Grund: Nur so kann das Gute, dieser *Citoyen* unter all den sperrigen Begriffen, an allen Plätzen permanent neu in die Welt gelangen. Gestern, heute, morgen. Das Territorium des Guten deterritorialisiert sich in dem Moment, in dem man es betritt.

So prozessual und stetig werdend verstanden – wird aus dem Wort ein Wüstensohn, eine Eremitentochter, ein Paar, das sich bereits längs des Meeres bewegt, während man seine Gestalt gerade noch mitten in der wasserlosen Steppe zu erkennen glaubt. Das Gute als leicht verwischbare Spur, die sich jeder monumentalen Sichtbarkeit verweigert, weil die gute Tat keine Paläste braucht. Doch gerade diese Unbegründbarkeit des Guten lässt die Philosophie seit Jahrtausenden nicht schlafen. Immer neue Behausungsstätten tauchen in ihren Vermutungen auf: Wohnt diese Entität in der Sonne, in den Göttern oder als sokratisches Gewissen in uns? Ist sie ableitbar aus dem ewigen Naturrecht oder ist sie bloß ein frommes Nebenprodukt aus dem gesellschaftlich erkämpften Recht und dem Gesetz, das darauf folgt? Oder doch nur ein neuralgisches Zäpfchen im Hirn und somit jederzeit mit dem Chirurgenmesser entfernbar? Alles, was wir darüber wissen: Wir wissen es nicht ...

Ich schaue fragend in meine Philosophenrunde und sie klärt mich auf: Frei nach Heraklit sei das Gute alles und nichts davon. Der Logos, den er meint, durchwirke die ganze Welt, ja eine Vernünftigkeit verwalte das All. Jedes Ereignis, jedes Ding, alles an uns durchzieht dieser Faden. Der Logos – ein Netzstrumpf, der verdeckt und offenbart.

Das Gute wäre demnach die unsichtbare Haut, die all unsere Handlungen umhüllt. Oft wird diese Haut von uns verbrannt, durchstoßen, durchlöchert, oft wächst sie an den schlimmsten Stellen nach. Oft wird diese Hülle vollständig zerstört und ausgelöscht, wie es in Auschwitz geschah. Was dann? Und mein Blick streifte jetzt noch fragender in die Runde. Mein Gedächtnisprotokoll gibt folgendes kleines Gespräch von damals wieder:[62]

DERRIDA
Weißt du, in dem Moment, wo nur ein einziges Auge das total Ungerechte sieht, gibt es Zeugenschaft, und der Prozess der Gerechtigkeit tritt langsam wieder in Kraft. Das Gute manifestiert sich im Zeugen. Das beherbergt nur einen schmalen Trost für die Opfer, vielleicht nicht einmal das, nun ja ...

LÉVINAS
Das Problem ist der Zeuge, der hört und sieht und letztlich schweigt ... Das wäre der Sieg des radikal Bösen. Und wie sähe der aus? Es wäre ein Auschwitz, von dem man bis heute nichts weiß. Auschwitz wäre ein Name, den es auf unserer Landkarte nie gegeben hat – trotz dieser Taten. Die Unsichtbarkeit des Zeugen macht das Böse erst sichtbar. Er ist das Fundament, das noch immer un-

auslöschbar im Boden bleibt, auch wenn Hitlers Helfer die Schlote schleifen.

CAMUS

Dem stimme ich zu: Das Gute darf nicht sichtbar sein und es verfügt auch über keine Hände. Wir würden es sonst gleich am Boden ... brutal am Rücken fixieren, weil wir die Besitzer von Handfesseln sind. Für die fehlenden Hände hat das Gute ja uns!

AGAMBEN

Wir sollten eines dabei nicht übersehen ... Das Gute ist ein metaphysisches Zelt, es bewegt sich dorthin, wohin wir uns bewegen, das ist auch das Gute am Guten, es lebt nomadisch, ist überall mit uns. Menschenrechte ohne Füße, lahm in Nationalstaaten gepfercht, sind Rechte, die den ohnehin Geschützten schützen und außerhalb des Staates über keine Gesetzeskraft verfügen. Das Gute hingegen flüchtet stets mit dem Flüchtling. Es bildet die Ausnahme jedes Ausnahmezustandes, es trifft sich und gibt seine Botschaft weiter, trotz Ausgehverbotes, es schreibt in den ärgsten Zeiten der Zensur. Ohne die Tarnkappe, die es unsichtbar macht, hätte man das Gute längst gefasst.

DERRIDA

Durch dieses „Nicht-fassen-Können" erhält das Wort erst seine Körperlichkeit, seine Würde, aber auch seine Verletzbarkeit, seinen Klang. So wird das Gute zum *apeiron* im menschlichen Kosmos. Aber jetzt ab mit mir ins Wasser, ich halt doch mitten im Mittelmeer kein steifes Seminar ...

LÉVINAS

Wäre das Gute begründbar, dann hätte es seinen Platz, seinen festen Grund, aber eine Stelle, die man aufsuchen kann, ist auch verlassbar und fällt leicht der Vergesslichkeit anheim. Wer von euch kocht denn heute? Und bitte nicht schon wieder Makrele, ich mag diesen Schwimmer nicht …

CAMUS

Aber eines habt ihr vergessen … Musik ist die Vertonung des unsichtbaren Guten, Literatur seine Verschriftlichung. Das Böse kann nicht weinen und das unsichtbare Gute weint durch die Kunst. Sie ist die Schwester der Ethik, ihre ständige Aushilfskraft. Die Philosophie staunt und staunt, wir Literaten zweifeln. Oder umgekehrt …

DERRIDA

Albert, was soll dieses Pathos … inmitten dieser herrlichen Inselschaft. Lass deine Festlandmelancholie und spring jetzt rein! Wie du es früher gemacht hast … damals im Sommer 35 … und alle deine schönen Freundinnen aus Tipasa sind hinter dir her. Na komm!

CAMUS

Da gibt es aber noch einen Spruch bei Heraklit, lieber Jacques, der gibt mir zu denken …

> „Meer: das sauberste und zugleich das verfaulteste Wasser, für Fische trinkbar und lebenserhaltend, für Menschen nicht trinkbar und tödlich."[63]

DERRIDA

Ja, und?

CAMUS

Hättest du statt Heidegger nur einmal die Gedichte von Jannis Ritsos gelesen, diesem großen griechischen Verkannten, ja, Verbannten, dann wüsstest du, was ich meine ... Aber was soll's, ihr puren Philosophen rührt ja bekanntlich keine Gedichte an. Sonst wüsstet ihr, dieses glorreiche Meer der Ethik hat einen Januskopf, hat zwei Gesichter ...

LÉVINAS

Die aristotelische Mitte, gedacht als ethischer Erdmittelpunkt, kann es nur geben, wenn es zwei Extreme gibt, die diesen Punkt beiderseits umfließen, nicht wahr? Zu blaues Wasser, zu rostiges Blut.

CAMUS

Jacques schwimmt gerade im azurblauen, wunderbaren Teil. Doch ich habe die blutige, dunkle andere Hälfte dieses Meeres gemeint.

LÉVINAS

Meinen Sie den Überfall Hitlers 1941? Für einen toten deutschen Soldaten stellt man hundert griechische Frauen und Kinder an die Wand. Ein Massaker folgt dem andern, für die deutsche Wehrmacht ist es ein ganz normaler Krieg. Danach folgte der Bürgerkrieg zwischen links und rechts. Und nirgendwo Gerechtigkeit. Kein Antlitz, nichts ...

CAMUS

Da muss ich heftigst widersprechen: Das Antlitz eines Gedichts war da. Seine Zeugenschaft! Das zornige Gesicht eines kleinen Gedichts von Ritsos wirft sich der Diktatorenschaft entgegen. Wir schreiben den 9. Mai 1936. In Thessaloniki kommt es zu einem Aufstand der

Abb. 35

Tabakarbeiter, neben Dutzend anderen wird ein junger Mann von den Staatsschützern erschlagen. Seine Mutter beugt sich über ihn. Ritsos sieht ihr Bild in der Zeitung. Man erkennt nur schemenhaft ihren in schwarz gekleideten Schrei. Ritsos taucht jetzt seine Feder in die schwarz gedruckte rote Pfütze, die den Erschlagenen wortlos umgibt, er schreibt das Gute hinaus in die Sichtbarkeit. Er gibt der Mutter die Sprache, die Tränen, den Zorn zurück. Er nennt die Zeilen *Epitaphios*, Totenklage. Mehr ist es nicht. Wisst ihr, das Gute kommt immer nass und schmerzhaft auf die Welt. Und weshalb? Weil das Böse eben nicht weinen kann ... Kurzum, ein kleines Gedicht rettet die postantike, ägäische Welt.

AGAMBEN

Wovon keiner wissen will, diese wunderbare Ägäis ist in Wahrheit voll von wasserlosen, rattenverseuchten Inseln der Verbannung. Da, seht euch um ... ein geographischer Ausnahmezustand ...

Abb. 36

Und wir sahen uns um. Das strohgelbe Licht der Ägäis wurde auf einmal gedroschen und übertüncht mit kaltem Schwarz-Weiß. Inseln, die sonst weit auseinanderlagen, zogen jetzt wie auf einem Fließband des Todes an uns vorbei. Vergilbte, vergrabene, vom Zittern zerknüllte Fotos von Leros,

Gyaros, Makronissos, Agios Efstratios tauchten vor uns auf. Inseln, die mit nichts prahlen konnten, außer ihrer Ferne zu jedem menschlichen Maß. Und ihre schattenlose, steinerne Nacktheit zeigte uns vor, wozu sie jederzeit auf Befehl imstande waren: Aushungern, ver-

Abb. 37

dursten lassen, vernichten. Was mit dem antiken Scherbengericht (*Ostrakismos*) noch milde begann, nämlich das jährliche Recht der Polisbürger, Unangepasste für ein paar Jahre aus ihren Reihen zu stoßen, ohne dass diese ihr Bürgerrecht verloren, diese alte Tradition wurde ab 1936 wieder aktiviert. Nur jetzt um zigtausende Tote härter. Diesmal ist für den Andersdenker keine Rückkehr mehr geplant ... Schiff um Schiff schickt die Junta hinaus in die Ägäis, um die langhaarige, unangepasste Fracht wie Müll auf diesen sonnenverbrannten Inseln abzuladen. Die Fähren des Todes fahren im Gegensatz zu heute recht pünktlich ab. Unter alten Professoren, Ärzten, Journalisten, Frauen des Hafens winkt uns ein junger Mann von der Reeling aus zu. Es ist der Dichter Jannis Ritsos. Und noch ein Zweiter hebt die Hand zum Abschiedsgruß – Mikis Theodorakis ... Ihren jahrelangen

Abb. 38

Folterungen auf diesen Inseln fahren sie ungebeugt entgegen. Zwei Körper in kurzen Hosen, zweimal Knochen, die man in den nächsten Jahrzehnten unentwegt brechen wird. Zweimal Menschsein, die sich dem kantschen radikal Bösen nicht ergeben.

Später erinnert sich Theodorakis an diese Tage auf Makronissos:

„Als wir uns der Mole näherten, sah ich den Schatten der Insel. Bedrohlich. Wie eine satte Schlange, die sich ins Meer gelegt hatte, um die Opfer des Tages zu verdauen."

Abb. 39

Abb. 40

Wo heute ganz sittsam gesonnt wird, wurde unter den Obristen schamlos gequält. Wären wir Möwen und würden wir die Insel Gyaros noch heute überfliegen, wir blickten hinab auf sie, die wie ein gemarterter Torso halb im Wasser kauert. Alle Möwen der Ägäis wissen also, was hier geschah ... Die Natur ist ein guter, zäher Geschichtenspeicher, ein verlässlicher Zeuge.

Über all die Jahre wird hier der Ausnahmezustand herrschen, aber das übrige Europa wird diesen Zustand offiziell nicht bemerken wollen. Es wird getötet werden und das demokratische Europa wird zusehen, bis ...

1958 taucht das Gedicht abermals in der Öffentlichkeit auf, jetzt vertont von Theodorakis, ausgerechnet mit einer Bouzouki, einem Instrument, auf dem bisher nur Haschischraucher, Hurensöhne, Rembetes aus Piräus ihre Protestlieder spielten. Für den Bürger ein Instrument des Lumpenproletariats. Und wieder löst das Gedicht, jetzt unter den jungen Studenten, eine Kulturrevolution aus. Irgendwann 1973, als in Athen ganz aus Zufall das Licht ausfiel, damit ein Panzer in die Universität eindringen konnte, um den

Geist zu überrollen, konnte man es wieder hören. Bald danach war der Spuk vorüber, Griechenland frei …

DERRIDA
Noch ein paar solcher Reden und mich beschleicht das Gefühl, eine ganze Horde von kaltblütigen Ratten & Henkersknechten schwimme hinter mir her. Wir könnten doch die dunkle Seite Griechenlands auch in der Nacht besprechen, wenn ich wieder trockenen Fußes an der Reeling steh'. Oh, meine Freunde, es gibt unter euch keinen einzigen Freund …

CAMUS
Die Wahrheit ist dem einfachen Schwimm-Touristen Jacques eben nicht zumutbar.

DERRIDA
Dir werde ich es zeigen. Ich weiß, was diese Mutter sagte:
(zitiert fehlerfrei vom Wasser aus)

> „Ja, mein Sohn, der Knoten unsres Weines,
> Er wird zum Knoten für die Schnur am Halse unsres Feindes
> Und wie du es gewollt hast, so, wie du's mich lehrtest einst,
> Richt ich jetzt meinen Körper auf und zeige meine Faust.
> Und statt daß ich die Brüste mir zertrümmere mit Schlägen,
> Reih ich mich ein, in meinem Blick die Sonne hinter Tränen. Ich
> trage dein Gewehr und geh zu deinen Brüdern, Sohn,
> Du kannst jetzt schlafen, Vogel, wir verdoppeln unsern Zorn."
> (Aus dem Gedichtzyklus: „Epitaphios" von Jannis Ritsos)

Abb. 41

Wie du siehst, lieber Albert, auch ich habe Ritsos[64] gelesen! Erst 1990 verließ seine Dichterpfote die Zeilen dieser Welt.

Während du schon 1960 mit einem wunderbaren Manuskript in der Tasche nicht in eine Bar gehst, um zu tanzen – und sei es im stillen, witwenreichen Lourmarin – nein, sondern stattdessen lieber tödlich gegen eine junge Platane krachst. Wie konntest du uns das antun?

CAMUS

Sartre war doch froh, dass er endlich seinen rührenden Nachruf auf mich schreiben konnte, den drittklassigen Bürgerhumanisten war er endlich los.

DERRIDA

Dafür hattest du die Frauen, die er nie bekam ...

CAMUS

Ja, während er schielte, hatte ich diesen gewissen traurigen, algerischen Dackelblick, den ich gestern auch an dir bemerkte ...

LÉVINAS

Aber ich bitte Sie, meine Herren, ihr seht doch, der junge Mann schreibt alles mit, notiert unsere Gespräche, wer weiß, ob er nicht eines Tages unsere privaten Bordgespräche in einer lieblosen Arbeit publiziert ... Das wäre dann doch um eine Spur zu banal ...

5. DIE FAHRT INS EPIZENTRUM EINER ETHISCHEN APORIE

Während ich die Fragen der letzten Tage in mein Notizheft übertrage, diese unruhige, ja verstörende Befragung, weshalb jede Ethik erlischt, wenn man sie in ein Korsett aus vielfachem Müssen & Sollen zu zwingen versucht. Weshalb sie es viel mehr vorzieht, unsichtbar zu bleiben, ganz im Gegensatz zum radikal Bösen, das sich im Herzeigen von Verbannungsinseln selbst ein Denkmal zu bauen trachtet. In diesem Moment steht meine Denkfigur, nennen wir sie Agamben, plötzlich vor mir und sagt: „Deine Verstörung kann ich verstehen, dabei solltest du eines bedenken: Die Ethik ist die *Hüterin der Moral*, sie ist mit dem Moralischen, also mit unseren Sitten und Gebräuchen, nicht ident. Sie überragt das Haus des Ethos, weil sie das Dach unserer GeWOHNheit bildet, unser tagtägliches Firmament. Sie deckt uns, sie schützt und wärmt uns an den kältesten Tagen, doch als Dach berührt sie niemals den Grund, sie hält sich und uns in Schwebe. Nur so kann kein Gesetz der Welt, kein Ausnahmezustand, keine Ideologie, gleich welcher Seite, sie zu Boden reißen, ihre Gestalt zerstören. Denn jede totale Herrschaft will ihren totalen Tod. Angenommen, es gäbe ein Gesetz, das uns erlaubt zu töten, dann wäre unser Wohnort, unser Ethos, plötzlich von der höchst denkbaren Unmoral durchzogen, wir stünden dachlos im Freien, allen menschlichen Stürmen ausgesetzt, keinen Tag wäre es wert, in dieser Welt zu leben. Wir wären zu Tätern im Namen einer Ethik geworden, die sich selbst in ihr Gegenteil verkehrt hat. Deshalb entzieht sie sich jeder Begründung, denn wir, du und ich, sind ihre vier Wände, ihre Fenster, ihr Boden, ihr Fundament. Deshalb schreibt Aristoteles es immer wieder und pocht darauf: *Die Mitte, sie hat keinen Namen.* Er meint damit, diese Mitte müsse von uns ständig neu angesteuert, auf unseren weißen Seekarten neu eingezeichnet werden. Unterlassen wir diesen ständigen Prozess der Namensgebung, dann nimmt das Extreme den freien Platz in der Mitte ein. Und dann Gnade uns. Wenn du willst, dann zeig ich dir solch einen Platz, der keinen Namen hat, kein Dach, dann führ ich dich ins Epizentrum einer ethischen Aporie. Fahren wir los …"

5.1 Heimfahrt oder Immer an Ithaka vorbei

Es folgt die Fahrt durch den Kanal von Korinth, an Ithaka vorbei, die Straße von Otranto im Rücken, schemenhaft tauchen die ersten Inseln der Adria vor mir auf. In dieser kleinen, überschaubaren Weite eines Spielzeugmeeres fühle ich mich sonderbar geborgen, ja daheim. Hier kann kein ethischer Gau je stattgefunden haben, denke ich mir, kein extremer Aschenregen, der in die namenlose Mitte unsres Menschseins fiel und uns darunter begrub. Niemals. Die Adria hat keine dunkle Fratze. Sie besteht aus salzigen, unbeholfenen Küssen, in Zelten ausgetauscht, die wiederum einst ein kleiner Fiat 500 stotternd in die Wirtschaftswunderferien trug. Nein, die Adria ist bestenfalls eine liebevolle Erfindung schwindsüchtiger Aristokraten. Das wirkliche Leben der rauen, gefährlichen Ozeane, das kennt diese Liebliche nicht, mit ihren Türmchen, Erkern, Wellen und Brandungen aus der Werkstatt Abbazia, wo jene Klientel den Sommer über logierte, die sich bevorzugt im Herbst wieder in der Berggasse zum verzweifelten Aussprechen traf. Nein, die Adria kennt nur das übliche Grauen, hier hat sich das radikal Böse nie gezeigt.

Die Nacht vergeht und noch eine und auf einmal werde ich von meinen Denkfiguren geweckt, meinen treuen Spielern auf dem Feld der möglichen Unmöglichkeit. Ihre aufgeschlagenen Bücher waren und sind der Mund, der zu mir spricht, wer sonst? Sie sagen: Wache auf, wir sind hier! Jetzt bist du daheim.
„Was soll das?", rufe ich mich entsetzt aus dem Schlaf.
Daheim, ohne eine Frage gelöst zu haben, bleibt dennoch ein Draußenbleiben im Daheim. Keinen einzigen Flüchtling ge-

rettet und keinem von ihnen eine Decke gereicht zu haben. Auch niemanden von diesen Zitternden an Bord genommen, keiner einzigen Seele einen Schlafplatz auf dem Gespensterschiff gewährt zu haben. Die Denkenge von Gibraltar bleibt schmal wie zuvor, hat sich nicht um einen Millimeter erweitert, und diese Scheiterfahrt nennt ihr mein Daheim! Ich dachte, mit euch könnte ich ganz bescheiden Europa ein wenig verändern, indem wir so nebenbei vor den Toren des Herakles das alte Atlantis bergen und darauf Weltbürgerschaften verteilen und jetzt das!"

Wütend und enttäuscht gehe ich an Land, geht meine Hybris mit mir an Land.

Und vielleicht war es damals ein Fehler, man geht nicht von Bord, ohne sich zuvor um sein Boot zu kümmern, ohne es zu versorgen.

Ja, so muss es gewesen sein. War das der Abschied, auf den sie gewartet haben, meine treuen vier Philosophen, diese Meister der sehnsuchtsvollen Ernüchterung? Im Moment meines Landgangs stießen sie sich mit einem kräftigen Lachen von der Mole ab.

Abb. 42

Binde dich, wie Odysseus, an die vier Masten, wenn du nicht willst, dass der Mensch an dir vorübergeht!", rief mir Professore Agamben noch einmal zu. Und dann waren sie und das Boot zu einem für mich unerreichbaren Punkt zusammengeschmolzen, zu einem Zitat am Fußende des Meers. Unter flatternden Segeln fuhren sie wieder hinaus. Ich meine noch heute, deutlich gesehen zu haben, dass auch an Deck etwas zu flattern begann. Waren es ihre Arme? Winkten sie mir zu, wie jene vorübergehenden Götter, von denen Heidegger[65] sprach? Auch dieses Zeichen konnte eine Sinnestäuschung durch das Wasser sein. Was jetzt? Nur wieder allein, traurigst allein. Und doch hatte ich noch eine letzte Aufgabe vor mir.

Was hatte Agamben gemeint, mit jener totalen ethischen Aporie, die man hier antreffen konnte, ausgerechnet hier auf dieser gepflegten, wunderbaren Insel, auf der ein englischer König sogar das Nacktbaden erfand? Ausgerechnet hier sollte sich das Epizentrum der ethischen Sprachlosigkeit befinden, die Stelle, wo selbst die Sonne, diese Gerechtigkeitsfetischistin, für einen Augenblick vor Scham erlischt? Undenkbar. Aber zurück.

Abb. 43

Ich gehe an Land ... Und es ist sonderbar. Es scheint mir, als würde ich nur die Boote tauschen. Wie der Bug eines grob behauenen Felsenschiffes streckt sich der Ort dem Meer entgegen. Kreuzt ihm entgegen. Man kann nicht sagen, ob es der Ort ist oder das Meer, also wer mit wem hier fährt. Ein unentwegt auf die See fahrender Stillstand, dessen Bordwände breite Palmen säumen, so, als hätten sich die Taue von einst der Rinde und dem Grün übergeben. Mit der Zeit, mit der Zeit.

Auch die von Katzenzungen glatt und sauber gehaltenen Gassen erscheinen mir so eingetreten, als wären diese Füße von damals über zwei Zentner schwer gewesen und müde geworden wegen der dauernden Überfälle des Piratenpacks. An jedem Haus venezianische Balkone, darunter Eingemauertes aus der Zeit, als hier die Griechen, die Römer, die Kroaten waren. Und doch herrscht ein stilles, friedliches, dem Jugo und der Bora ausgesetztes Miteinander, ein Frieden, der mit vier wuchtigen Glockentürmen sein Zeichen setzt. Sie erwecken den Eindruck, fast wie im Gänsemarsch aufgereiht zu sein. Und doch ist alles hier um eine Spur zu schön. Was hat Agamben gemeint? Wo ist der Riss, das nicht Benannte, wo der Spalt, in dem unser Schweigen radikal böse wird? Hier kann es nicht sein ... ich suche weiter.

Ich denke mir, jeder noch so schöne Schiffsbug hat ein Heck, ein Hinterteil, einen verfemten Teil. Und ich nehme jetzt diesen Weg, der dicht am Meer entlangführt, von schräg gewachsenen Zedern überschirmt, und begebe mich tiefer landeinwärts. Die Häuser sind

Abb. 44

nicht mehr aus Stein, rosa Apartments mit Satellitenschüsseln sind für den Ansturm im Sommer gerüstet. Alles drängt sich in ein dichtes Ineinander, ohne dieses Meer wäre es doch nur ein Ort im überallgleichen Auseinander. Gerade im Begriff umzukehren, zieht mich ein altes deutsches Paar am Ärmel: „Verzeihen Sie, wissen Sie, wo es liegt, hier in der Nähe müsste es doch sein. Ist nicht viel erhalten. Wissen Sie, wo es ist?"

Ich frage, wer? Ich frage, was? Ich wisse nur, dieser Ort aus gesichtslosen Bauten heiße Kampor. „Ja, eben", sagen sie, „aber wo lag das KZ?"

Ich sage, ich wüsste nichts davon, nichts von einem deutschen KZ auf Rab. „Kannste es auch nicht wissen, junger Mann, das haben nämlich ausnahmsweise einmal nicht wir Deutschen, sondern unsere Verbündeten, die Italiener, gebaut. Bis 1943 war es, verzeihen Sie, na, wie sollen wir's ihm sagen, Gretchen, war es in Betrieb. Wissen Sie, Mussolini hat die Slawen so gehasst, die Serben, die Kroaten, und wenn die zu ihrem Unglück dann auch noch Juden waren ..."

– „Mein Gott, Heinrich, ließ er sie hier verhungern?" – „Gretchen, die Lage war hart, das Essen war knapp. Ob sie nun rote oder gelbe Sterne trugen, sie waren eben ein Stachel im geeinten Meer rund um Rom und Berlin. Aber was reden wir von Kampor, reden wir von Goli Otok, davon redet von euch linken Brüdern keiner. Warten Sie!"

Ich nicke höflich und gehe raschen Schrittes weiter.

– „Von dieser schlimmen Sache hat einer wie Sie mit Nickelbrille und Rissen in der Hose natürlich nie was gehört. Ja, so seid ihr Brüder eben, von den eigenen Schandtaten ham'se nie was gehört. Nur uns, Gretchen, nur uns Alten lassen sie mit dem Alten nie in Ruh ... aber Kampor können Sie uns Deutschen, auch wenn wir hier am Balkan gekämpft haben, niemals in die Schuhe schieben. Ich sage nur Goli Otok, die nackte Insel, das linke Grauen ... werden wir im nächsten Jahr besuchen. Dann, liebes Gretchen, nehme ich aber wieder meine alte Leica mit, vor der baumelten schon etliche Partisanen am Mast ... Werde am Kameradenabend meinen letzten Kameraden zeigen, wozu unsere Feinde imstande waren, jene, die wir damals leider nicht ... zum Glück gab's für die dann viel später Goli Otok ..."

5.2 Reise in etwas, was es nie gab

„Goli Otok? Nie gehört",[66] sagt Stane und blickt so fragend auf seinen Viertaktmotor, als würde uns die Schraube nur dank seiner ernsten Blicke aus dem Hafen bewegen. „Du meinst Drugi Otok, aber diese Insel liegt viel weiter südlich, viel zu weit fort für meine alte Mirra.

Das schafft sie nicht. Und nach Goli Otok kann ich dich nicht fahren, weil es diesen Ort hier nie gegeben hat. Auf keiner Karte, in keinem Kopf, denn eine kahle, nackte Insel hat ja keinen Namen. So einfach ist das, so einfach. Stane macht Ausflugsfahrten rund um die Insel, er

Abb. 45

macht aber keine in die Hölle, wenn du verstehst? Ein Name wie Goli Otok ist im alten Jugoslawien bis weit in die 1980er-Jahre nicht aufgetaucht, zeig mir einen Bericht, bring mir einen Zeugen. Du wirst ihn nicht finden. Was fragst du mich? Frag den jungen Stane, der weiß mehr …

Der weiß noch, dass es im Juni war, Juni 1953, gleich vor Semesterschluss … Wir waren zornig und verliebt in diese verflucht eitlen Zagreber Mädchen, die uns nicht wollten, weil wir keine Motorräder hatten, wir dachten, wenn wir wilde Kerle wären, dann vielleicht schon. Die letzte Ausgabe unserer Studentenzeitung stand vor der Tür. Wir tranken eine Menge Pelinkovac in dieser Nacht, als wir den Artikel schrieben. Wir wussten, unser Vorhaben war gefährlich …

‚Titos fünfzehnte Insel' haben wir den Artikel genannt und naiv gefragt, wo sie liegt. Und wie sie heißt. Offiziell besaß der Ärmste

Abb. 46

aber nur vierzehn, auf denen er für den Westen seine Partys schmiss. Da wusste seine Geheimpolizei Bescheid, dass wir wussten, was offiziell keiner wissen durfte: dass es noch eine gab, die es nicht gab, gleich gegenüber von Rab. Wir Jungen von hier, wir sahen ja seit Jahren, wenn auch verschwommen, was dort geschah. Die Alten im Ort sagten, seid still, schwimmt ja nicht ins Speergebiet hinein. Hört nicht hin, wenn dort einer schreit, nach euch ruft. Was ihr seht, hat es nie gegeben. Wir wollen endlich Ruhe auf Rab. Uns reicht schon das verfluchte KZ in Kampor, das den Tourismus stört.

Und doch schmuggelten diese Inhaftierten – honorige Professoren, Anwälte, Künstler, Schriftsteller, Architekten dieses Landes – ihre Hilferufe hinaus. Manchmal finden sich versteckte Botschaften in den Souvenirs, die sie für den Raber Tourismus schnitzen, in hölzerne Zigarettendosen oder in Töpfe zart eingraviert. Manchmal lag einer als aufgedunsener Körper in unserer Bucht, weil ihm der Atem zum Fortschwimmen nicht gereicht hatte. Wir wussten, dieser schmale, ausgemergelte Körper kann keinem englischen oder deutschen Gast gehören. Die sehen nach dem Ertrinken nicht so aus ...

Abb. 47

Auf dieser 15. gab es keine Dinner, keine Empfänge, stattdessen das *topli zec*, die Prügelstraße für alle Erstankömmlinge auf Goli Otok. Und wofür? Wofür frag ich dich? Nur weil sie der Meinung waren, es sei Verrat an der großen internationalen Arbeiterrevolution, wenn Tito seinen eigenen revisionistischen Weg gehen will. Nur für die, nur für solche Kominformisten, wie man die Moskautreuen damals genannt hat, hatte Tito die Insel erschaffen. Für seine eigenen Genossen, für seine Freunde. Du weißt ja: Tito und Stalin, die liebten sich ab 1948 wie Hund und Katz. Aber wir waren jung, wir waren keine Stalinisten, wir glaubten an Selbstbefreiung, also sprachen wir diese Ungerechtigkeit aus, flogen durch alle Prüfungen, fanden nachher keinen Job. Ich wollte nur ein guter Anwalt werden. Nur das.

1954 sprach ich den Namen in einer Versammlung nochmals aus. Stane, sagte ich mir, was soll dir schon geschehen. Vater war schließlich einer der Anführer gewesen beim Aufstand in Kampor. 1943 entwaffneten sie die italienischen Wärter des Lagers, wo die Zusammengetriebe-

Abb. 48

nen zu Tausenden hockten. Halbverhungerte, die nicht in den engen Spalt zwischen Rom und Berlin passten, weil sie noch ein Herz hatten, das gegen diese Enge angeschlagen hat.

Diese Herzen haben den Wärtern dann mit letzter Kraft die Waffen abgenommen. Noch an diesem Tag gründen sie das legendäre Raber Bataillon. Sie waren Partisanen der ersten Stunde. Da auf dem Bild, der Junge mit der Fahne, das war er ...

Dahinter kroatische Juden, Serben, Slowenen, Moslems, Sintis. Mit weißen, erstmals frisch gestärkten Hemden zogen sie nun ins Freie. Der Duce, der Führer, und seine kroatischen Marionetten, die Ustascha, hatten sie schon längst eingepfercht in Zügen nach Osten abfahren gesehen. Erneut frei sein! Vater gab ihnen einen italienischen Karabiner, einen knappen Satz, wie das Gewehr funktioniert, einen Laib Brot und eine Richtung: ,Marschiert in die Wälder von Gott-

Abb. 49

schee.' Das war's. Diese Bilder tauchten damals vor mir auf, als ich in einer Versammlung nochmals mein Maul aufriss. Ich wollte nur wissen, was da drüben geschah. Und auf einmal tauchte diese Insel in der Kvarnerbucht vor mir selber auf. Mitten in der Nacht. Es ging alles sehr schnell. Ich, der ich hier lebte, wurde für zwei Jahre ein paar lumpige Seemeilen weiter nordöstlich verschluckt. Kein Verfahren, kein Urteil, keine Verteidigung. Stattdessen war ich ein Boykottierter, so haben sie die frischen Ankömmlinge genannt. Das hieß ständige Selbstkritik im Steinbruch von Goli Otok, das hieß zu Ehren Titos Lieder singen, bis dir der Wahnsinn in alle Poren floss. Selbstverwaltung der Verurteilten tauften sie das teuflische System, bei dem dich nicht die Wärter schlugen, sondern deine Mitbrüder, die einen Rang höher standen als du. Wir waren die Vergessenen in einer Stadt der Verbannten, während halb Deutschland mit seinen Wohnwägen nichtsahnend an uns vorbeifuhr auf der Fähre von Jablanac. Wenn wir einen Baum pflanzten unter dieser verdammt bösen Sonne, dann hatte unser Körper ihm den nötigen Schatten zu spenden, stundenlang, damit er gedeiht. Du fragst nach dem Friedhof von Goli Otok? Für die Tausenden, die man hier gefangen hielt? Den wirst du nicht finden, dafür gab es ja das Adriatische Meer. Nur manchmal, wenn im Spätherbst die Bora wütet, sehen die Wellen aus wie flachgelegte Kreuze. Ist doch so ... Eines Nachts aber erhielten wir einen Auftrag: ‚He, ihr Bande', schrien sie, ‚wer von euch hat künstlerisch etwas am Hut?' – „Wir meldeten uns alle. Man stieß uns auf einen Ziegenkutter, wir fuhren nach Rab. Was wir dort taten, wirst du mich gleich fragen? Es war so absurd, dass ich heute an nichts mehr glaube, an keine Moral, an nichts.

Wir, die Häftlinge von Goli Otok, mussten ein Mahnmal für die Häftlinge vom KZ Kampor errichten. Stell sich das einer vor.

Errichten für die Gefangenen der Nachbarinsel, obwohl wir selbst wiederum Gefangene ihrer Nachbarinsel waren. Ich weiß noch, es war eine Wandtafel mit bemalten Fliesen. Und ich weiß noch, wie der alte Janosch neben mir fast vor lauter Lachen zu sterben begann, ja,

Abb. 50

den Mörtel für den Gedenkstein rieb er sich wie ein Verrückter ins Haar. ‚Was machst du da, Janosch‘, riefen wir, ‚in einer Stunde bist du versteinert, erstarrst du zu Beton!‘ – ‚Ja, das will ich ja, ihr Idioten, ich ehre mich, ich betoniere mich selber, ich verfliese mir mit der Erinnerung die Stirn und meinen Rücken... Ich, der Janosch, war schließlich 1943 auch schon hier. Damals wie heute ohne Namen, damals wie heute, ein Häufchen aus Angst, nur jetzt mit rotem Stern.‘

Ich weiß, du wirst mir die Geschichte nicht glauben, aber ein Laibacher Philosoph[67] hat diesem Mann ein Buch gewidmet, lies dort nach. Ja, so hat man uns, die wir kein Motorrad und keinen Funktionärsvater aus Zagreb hatten, umerzogen damals. Jahre nach meiner Rückkehr kaufte ich mir ein Boot, die Mirra. Nicht zum Fischen, nicht zum Fangen, nein, um selbst nicht mehr gefangen zu werden. Und zu meinen zwei Söhnen sagte ich denselben Mist: ‚Was ihr da seht, habt ihr nie gesehen. Schwimmt nie ins Speergebiet hinaus.‘

Heute drehen sie da drüben ihre Pornofilme für den Zagreber Markt. Sadomasoszenen in verfallenen Lagerhallen sind bei

den Städtern sehr beliebt. Ich frage nicht, wenn sie mich für eine Überfahrt buchen, sie fragen mich ja auch nicht, weshalb ich jeden Winkel dort kenne. Sie zahlen gut. Mit der Zeit, mit der Zeit wurde ich selber so still wie die ganz Alten auf Rab. Aber du hast ja nicht mich, sondern den jungen, blutjungen Stane gefragt. Ich selber, der alte Stane, ich rede nicht mehr. Schau dich nur um, das Grauen, der Verrat, das verwest nicht. Nur unsere Gedanken verfallen, aber das, was sie draußen angerichtet haben, das bleibt. Eines finde ich bis heute schade, dass mein Artikel nicht aufrichtig war, er sagte nicht die volle Wahrheit. Ich hätte schreiben müssen: Titos fünfzehnte und sechzehnte Insel. Und diese sechzehnte hieß Sveti Grgur. Es war das Goli Otok für die politisch verfolgten Frauen unter Tito. Nur ein Stück nördlicher gelegen, nur einen kleinen Teufelsschritt von der nackten Insel entfernt. Ich schwör es, davon hat selbst auf Rab keiner etwas gewusst. Ja, bis heute hätte keiner davon erfahren, gäbe es nicht dieses große Zeichen, du wirst es bald sehen, wir sind gleich da."

Und ich sehe es groß vor mir. Das Totalitäre, das verschwiegen werden musste, weil es hilflose Frauen aussetzte, auf einem Kahlschlag von Insel. Doch dieses radikal Böse bekam doch noch einen Namen. Wie Sisyphos hatten diese Frauen sinnlos Steine auf die Bergwand zu tragen, immerzu, Tag für Tag. Es der Bergwand einzuschreiben, mit zentnerschweren Brocken, das war hier der Umerziehungsplan; es alle lesen zu lassen, jeden von Weitem, wer hier der Mann, der Gebieter, der Verfasser des richtigen Denkens sei.

Ironie der Geschichte: Nie hätte der Auftraggeber daran gedacht, dass die Frauen damit auch seine Schuld markieren. Stein für Stein. Für immer. So lange es Steine gibt. In ihrer Sprache sagen sie TITO!

Abb. 52

W ortlos fahren wir beide zurück. Und ich weiß, diese Fahrt mit der Denkfigur Stane, den es vielleicht gab oder auch nicht, das ist der ethische Gau, den Agamben mir zeigen wollte, das war die Unauflösbarkeit, der Hiat, der sich aufreißt, wenn wir der Mitte keinen Namen geben, wenn wir sie dem extremen Einfall überlassen, indem wir unser Handeln nicht benennen, nach innen schweigen ...

5.3 Weil jede Flüchtlingsspur ins Eigene führt

Abb. 53

„Marschiert in die Wälder von Gottschee", an diesen Satz von Stanes Vater muss ich in dieser Nacht immerzu denken, ich rolle ihn vor mir her, wie einen Stein, der plötzlich aus der Fremdheit in mein Eigenes fällt. In meinen Gedanken lasse ich diese Partisanen marschieren, marschieren auf ein Bild zu, auf eine schwarz-weiße Fotografie. Die Männer rücken näher. Das Foto weicht zurück. Es zeigt einen Soldaten nicht weit von Rab entfernt, am Festland gegenüber. Hoch über der Bucht hockt er auf sein Gewehr gestützt. Seine dünnen Beine enden in schweren Galoschen, sein Blick verliert sich im silbrig düsteren Meer. Man möchte meinen, er warte hier auf den Feind, doch ich meine, eher auf eine slowenische Freundin, die ihn bekocht. Er ist doch von hier. Hier heißt aus der Gottschee, aus Unterkrain, einer deutschen Sprachinsel wenig landeinwärts, bewohnt von einer Minderheit, die vor über sechshundert Jahren die Wälder hier rodete und stets gute Nachbarn der Slowenen war. In ihrem Gymnasium ist er gerade noch zur Schule gegangen.

Doch jetzt, im Jahre 41, ist alles anders. Wo man sich früher freundschaftlich zuwinkte, wenn ein schnittiger Heuwagen ein müdes Ochsengespann überholte, wird jetzt die Faust gezeigt. Auf beiden Seiten. Unten, in den kleinen Dörfern der Gottschee wird die Hakenkreuzfahne ausgehängt, während die Partisanen, darunter vielleicht Stanes Vater, in den umliegenden Wäldern kaum die Nacht erwarten, um sich bei ihnen ein Ferkel zu holen oder später dann ein „deutsches Schwein".

Unten in den kleinen Dörfern der Gottschee fährt der Vater des Soldaten noch einmal, wie jeden Mittwoch, mit der Pferdekutsche ins nächste Bezirksgericht. Ein Wegestreit zwischen Nachbarn, nichts Großes. Er ist Anwalt in Gottschee und bei seinen slowenischen Klienten sehr beliebt, spricht er doch auch ihre Sprache. *Nema problema.* Doch dann kommt die Anweisung aus Berlin: Alle Slowenen raus aus dem Reich, alle Gottscheer heim ins Reich! Freude bei den Jungen, Panik bei den Alten. Dem Vater des Soldaten bleibt gerade noch Zeit, den Gaul in die Gegenrichtung zu jagen, um in die Aktentasche all jene Erinnerung zu stopfen, was an Wäldern und anderen Besitzungen ihm blieb. Das Schloss der braunen Aktentasche klickt ein und aus dem Advokaten ist ein namenloser Flüchtling geworden, der sich später weigern wird, in die leeren, ausgesiedelten Besitzungen der Slowenen zu ziehen. Dann schon lieber in die Flüchtlingsbaracken vor Leibnitz, in die verwanzte Not der Schuldlosigkeit.

Blickt sein Sohn, der Soldat, der mein Vater ist, deshalb hinaus aufs Meer, weil es in seinem Rücken bald keine Heimat mehr geben wird, nur ein leeres Haus ohne Eltern? In dieser Nacht, meiner letzten dieser Fahrt, gebe ich den Namen meines Großvaters in die Suchmaschine ein und stoße auf folgendes Dokument:

Abb. 54

„Liste der politisch unzuverlässigen Gottscheer,
Mannschaftsführer, SS-Sturmbannführer Wilhelm Lampeter,
EWZ-Bericht, Ende Oktober 1941.

(…)

Vertraulich!

Liste der politisch unzuverlässigen Gottscheer.

Abb. 55

Die eigentlich politisch unzuverlässigen Gottscheer, also jene,
die heute einen **bewußt** falschen
Bericht über die Volksgruppe
geben würden, sind:

1. Dr. Ferdinand S i e g m u n d , Kerndorf
    (außerdem rücksichtsloser Egoist reinster Prägung).
2. Robert Sanselmayer, Gottschee, Weinhändler.
3. Josef Asoli, Gottschee 233, Kaminfegermeister.
4. Dr. Hans Arko, Gottschee 307, Rechtsanwalt.
5. Josef Kraker, Gottschee 179, Tischlermeister.

(…)

(…)

Zu 1. Dr. Siegmund

Äußerst aktiv für sich. Ist sehr fähiger Rechtsvertreter. Seine Familie ist rassisch gut; auch sehr arbeitsam. (…) Er selbst ging rücksichtslos seinen eigenen Weg, um materiell seinen Vorteil zu erreichen. Seine Kinder schickte er in slowenische Schulen, obwohl er dies nicht nötig hatte. Er wurde von den Slowenen, den deutschen Eltern, die ihre Kinder in deutschen Schulen haben wollten, als Beispiel des vernünftigen Mannes hingestellt, der einsieht, daß auch deutsche Kinder in slowenische Schulen sollen, um in Jugoslawien vorwärts zu kommen. Seinen Vaterbesitz – ein Gasthof in Mitterdorf – verpachtete er an den verbissensten Slowenen Bončina aus Istrien, der in Mitterdorf das slowenische Vereinswesen: Sokol usw. organisierte. In einem seiner Bauernhöfe wollte er einen slowenischen Kindergarten für die Gemeinde Mitterdorf errichten lassen. Davon habe ich ihn durch einen anonymen Drohbrief, dass er von der ersten Jagd nach errichtetem Kindergarten nicht wieder zurückkehren werde, abgehalten.

In seiner Handlung kannte er keine Volkszugehörigkeit und war ihm ein deutscher Bauer einmal etwas schuldig, dann mußte er ihm bald ein oder mehrere Waldanteile verkaufen oder es ging der ganze Besitz in seine Hand über. Er ist in den wenigen Jahren seiner Praxis der reichste Mann in Gottschee geworden.

(…)"[68]

6. DIE VIER MASTEN EINER MITTELMEERISCHEN ETHIK, WENN WIR NICHT WOLLEN, DASS DER MENSCH AN UNS VORÜBERGEHT

inde dich, wie Odysseus, an die vier Masten, wenn du nicht willst, dass der Mensch an dir vorübergeht!" Was hat Agamben mit diesem letzten Zuruf gemeint, frage ich mich, hier am Corso von Rab, vor einem Pelinkovac oder zwei, die Fotos meiner Familie ans Glas gelehnt und ich selber halb umgeworfen von der Geschichte, das satte Kind von Flüchtlingen zu sein.

Abb. 56

Ich bin der einzige Gast. Die Fremden sind noch nicht hier, die Tische wagen sich nur spärlich nach draußen. Es dämmert, die Lichter von Rab gehen an. Und plötzlich tauchen sie in der Finsternis vor mir auf, grünlich bestrahlt, sehe ich sie in einer Reihe stehen, die vier Masten in Form von Glockentürmen. Vier Philosophen bat ich an Bord, um mit mir auf diese Reise zu gehen. Lévinas, Camus, Derrida und Agamben. War das gemeint? Ergibt dieses Quartett eine Meeresethik? Dann steht der erste Mast, der erste Turm, für Agambens HOMO SACER: der Heilige Mensch, der Name für den Namenlosen, den er auch dann noch trägt, wenn selbst die Nummer von Auschwitz seine Existenz forttätowiert. Stets wenn der Nichtmensch politisch produziert werden soll, erscheint der Name wie eine Leuchtschrift auf seiner Stirn. Unauslöschbar. Homo sacer: So heißt der erste Mast, an den wir uns zu binden haben, wenn wir nicht wollen, dass der Mensch an uns vorübergeht.

Doch dieser Name hat ein Antlitz, ein Gesicht, einen geformten Ausdruck, der uns zuruft: Du kannst mich nicht töten. Mein Tod wäre nämlich dein erster Tod. Dieser zweite Mast wird also gesetzt von den Gedanken eines Lévinas. Erst dieser Andere formt mein ethisches Ich, generiert meinen Weltbezug, mein sicheres

Gehen im Raum, in der Polis, im eigenen Haus, erst dieser Andere, der Fremde, erzählt mir, was in meinem Rücken geschieht, er ist der Garant, dass es mich gibt.

Und jetzt zum dritten Mast, damit der Mensch nicht an uns vorübergeht, uns zuwinkt und uns für immer verlässt. Das Antlitz vom *homo sacer* braucht eine Anschrift, benötigt ein Anschreibendürfen, einen Vorschuss, den er ohnehin zurückbezahlt. Er braucht ein Dach. Er braucht die unmögliche Gastfreundschaft[69], die nicht nach Papieren fragt, weil selbst die Erde diese Frage überrollt, jeden Augenblick sich und uns deterritorialisiert, indem sie einfach darüber hinweggeht, was wir für ewiges Besitztum halten. Dafür steht der dritte Mast, steht das Unmögliche, das Denken von Derrida. Und der vierte Mast?

In einer kleinen Erzählung von Camus werden wir fündig. Die Geschichte heißt: *Der Gast*.[70] Dem franko-algerischen Lehrer Daru, dessen Schule auf einem Hochplateau liegt, umgeben von der Wüste, wird eines Tages ein arabischer Gefangener gebracht. Balducci, der alte Gendarm, verlangt vom Lehrer, er solle den Fremden am nächsten Tag bei den Behörden in Tiquit abliefern. Und er selbst kehrt dann unter Protest des Lehrers wieder zurück, von wo er herkam. Daru und der Araber, der angeblich seinen Vetter erschlagen hat, sind nun allein. Daru gibt ihm zu essen. Käse, Eier, Datteln und Fladenbrot und danach ein Bett. Die Fremdheit der beiden verbringt eine unruhige Nacht. Am nächsten Morgen wird Daru den Gefangenen bis zu einer Wegegabelung begleiten. Er gibt ihm nochmals Brot und Zucker und 1000 Francs und beschreibt ihm den östlichen Weg nach Tiquit, wo die Behörden schon auf ihn, den Mörder, warten. Doch plötzlich dreht er den Gefangenen nach Süden, und zeigt ihm den Weg, der ihn zu den Nomaden bringt, in die Freiheit, zu seinen Leuten. Daru geht zurück in seine wegen

Schneefalls geschlossene Schule, kurz davor dreht er sich noch einmal um. In der Ferne der kleine Punkt des Freigelassenen, doch der hat nicht den Süden, seine Freiheit, sondern den östlichen Weg nach Tiquit, den Weg der Schuld gewählt. Der Araber hat seine Wahl getroffen.

Prohaireisis wird Aristoteles diese Wahl benennen. Sie ist der vierte Mast. Wir haben zu wählen, ob wir in unserem Leben für Kallikles oder für Sokrates sind, ob es besser ist, Unrecht zu erleiden oder Unrecht zu tun. Ob wir uns einen Namen, ein Antlitz, eine Anschrift geben oder ob wir in die anschriftlose, antlitzlose Namenslosigkeit fallen. Diese drei Säulen und die freie Wahl, nach der aristotelischen Mitte zu streben, mit all dem Schmerz, der sich mit dieser Suche ergibt, sind die vier Stützen eines gelungenen Lebens, das sich nur dann mit dem Glück vermischt, wenn man den gelungenen Lebensentwurf auch dem Anderen gewährt. Doch damit diese Masten nicht brechen, sondern stattdessen der Erschütterung trotzen, sollten sie nicht starr sein, sondern beweglich, mitbegleitend, prozessual wie ein Boot am Meer. Denn die Gerechtigkeit ist mit starren Gesetzen nicht erfassbar, nach Derrida steht sie noch über dem Gesetz. Oder sagen wir es so, sie lebt mitten unter uns, als „Richtspruch der Zeit".

Doch die eigentliche *arché* dieser Meeresethik, die ich meine, ist DIE GEBURT, das Ereignis, erstmals schreiend aus dem Fruchtwasser zu steigen. Diese Gabe unseres Erscheinens, diese Gastfreundschaft der Ungewissheit, dieser Zu-fall, dass es mich und uns hier im Augenblick gibt, fordert von uns die Gegengabe ein: unsere Menschwerdung, unsere Menschlichkeit, unser Mitsein im Alleinsein aller Seienden. Sie ist unser prozessuales, täglich werdendes Geschenk an das INderWELTseinDÜRFEN. Nur Ich-Sein ist als Gegengabe zu wenig, sie verlangt nach einer Selbstüberschreitung, nach der zweiten

Geburt eines jeden Ichs, ja, die Welt erhofft sich von uns ein *Ethisches Du*. Verdunklen, nebeln, verdunklen wir diesen Gedanken ein, zerstören wir ihn, so wird wiederum die platonische Sonne unser Handeln tagtäglich ans Tageslicht zerren. Sie wird es einschreiben in die Landschaft, in die Natur, ihre Lichter werden dann unsere stummen Richter sein, oder anders gesagt, unsere heimlichen Inseln der Verbannung, der Entrechtung, der Entmenschlichung können nicht verbannt werden, sie bleiben ewig vor unseren Augen als Zeugen über. Erst durch das Symbol Sonne, gedacht als Zeugenschaft, wird das radikal Böse sichtbar, das Gute lässt sie im Unsichtbaren und das aus folgendem Grund: Die Elektrizität unserer Sprache, unserer Augen und Hände sollen diesen Teil selbst beleuchten, das Gute haben wir, dank unsere eigenen Leuchtkraft, selbst zu tun. In dieser freien Wahl zu einer ethischen zweiten Geburt sehe ich das *Andere Europa* im Kommen, in Derridas kleiner Schachtel wäre nicht mehr nichts. Eine schöne Frau aus Phönizien, sie trüge den Namen Europa, entstiege ihr lachend. Europa wäre erstmals aus freien Stücken hier …

Sind aber diese vier adriatischen Türme, diese Masten von Rab, einmal verwaist, steigt man sie nicht mehr hoch, binden wir uns die Glockenschnur mit all den Schmerzen nicht mehr um den Bauch, denke ich mir und stecke das Bild meines Großvaters wieder in mein Portmonee, werden diese Glocken nicht mehr läuten. Hört es auf mit uns Leuten, sind wir zwar anwesend, aber als Klang nicht mehr hier …

7. DER GELUNGENE MORGEN AM ENDE EINER PHILOSOPHISCHEN NACHT

„An dieser Stelle (…) rufe ich Land! Land! Genug und überge-
nug der leidenschaftlich suchenden und irrenden Fahrt auf
dunklen fremden Meeren! Jetzt endlich zeigt sich eine Küste:
wie sie auch sei, an ihr muß gelandet werden, und der schlech-
teste Nothafen ist besser, als wieder in die hoffnungslose skep-
tische Unendlichkeit zurückzutaumeln. Halten wir nur erst das
Land fest; wir werden später schon die guten Häfen finden und
den Nachkommenden die Anfahrt erleichtern. Gefährlich und
aufregend war diese Fahrt."[71]

Abb. 57

Nach dieser langen Fahrt, nach dieser langen Nacht, die mit der Aufforderung Nietzsches „Auf die Schiffe, ihr Philosophen!" begann, schlage ich die Augen wieder auf und seine Unzeitgemäßen Betrachtungen wieder zu. Schreibzeug & Uferschatten, Familienalben & grelles Mittelmeerlicht liegen mitsamt den Büchern der Philosophen verstreut am Boden, am Tisch, am Bett. Nach dieser langen Nacht ist es kalt geworden im Zimmer, das Holz während der Fahrt fast verglüht. Aus dem vereisten Fenster meines Holzhauses sehe ich auf die tief verschneiten Karawanken. Wäre ich größer, viel größer, denk' ich mir und schlafe wieder ein, wäre ich größer, dann könnte ich das beschriebene Meer von hier aus sehen …

Noch ein letzter Zuruf
vom ganz anderen Kap:

„Leben und sterben lernen und, um Mensch zu sein, sich weigern,
Gott zu sein."[72]

Albert Camus

Anmerkungen

[1] Friedrich Nietzsche: *Die Fröhliche Wissenschaft.* In: ders., Gesammelte Werke. Bindlach 2005, S. 529.

[2] Klaus Brinkbäumer: *Der Traum vom Leben. Eine afrikanische Odyssee.* Frankfurt am Main 2006.

[3] Emmanuel Lévinas: *Totalität und Unendlichkeit. Versuch über die Exteriorität.* Freiburg / München 2002, S. 35.

[4] Emmanuel Lévinas: *Die Zeit und der Andere.* Hamburg 2003, S. 20.

[5] René Descartes: *Meditationen über die erste Philosophie.* Stuttgart 1986, S. 123.

[6] Emmanuel Lévinas: *Totalität und Unendlichkeit,* a.a.O., S. 37.

[7] Ebd., S. 28–29.

[8] Emmanuel Lévinas: *Jenseits des Seins oder anders als Sein geschieht.* Freiburg / München ²1998, S. 343.

[9] Jacques Derrida. *Adieu. Nachruf auf Emmanuel Lévinas.* München 1999, S. 52.

[10] Emmanuel Lévinas: *Die Spur des Anderen.* Freiburg/München 1999, S. 233.

[11] Ebd., S. 235.

[12] Karl Marx: *Die Frühschriften.* Stuttgart 1953, S. 525. Originalzitat: „*Ein Gespenst geht um in Europa – das Gespenst des Kommunismus. Alle Mächte des alten Europa haben sich zu einer heiligen Hetzjagd gegen dies Gespenst verbündet [...]*".

[13] Vgl. Stuart Hall: *Rassismus und kulturelle Identität. Ausgewählte Schriften 2.* Hamburg 1994.

[14] Jacques Derrida: *Einsprachigkeit.* München 2003, S. 75.

[15] Ebd., S. 34.

[16] Ebd., S. 11.

[17] Vgl. Mario do Mar Castro Varela/Nikita Dhawan: *Postkoloniale Theorie. Eine kritische Einführung.* Bielefeld 2005, S. 51ff.

[18] Vgl. Gayatri Chakravorty Spivak: *Can the Subaltern Speak? Postkolonialität und subalterne Artikulation.* Wien 2008.

[19] Vgl. Homi K. Bhabha: *Die Verortung der Kultur.* Tübingen 2007.

[20] Jacques Derrida: *Einsprachigkeit.* S. 78.

[21] Ebd., S. 83.

[22] Jacques Derrida: *Das andere Kap. Die vertagte Demokratie. Zwei Essays zu Europa.* Frankfurt 1992, S. 25.

[23] Ebd., S.60.

[24] Michel Serres: *Hermes V. Die Nordwest-Passage.* Berlin 1994, S. 9–13.

[25] Gilles Deleuze, Félix Guattari: *Was ist Philosophie?* Frankfurt 2000, S. 97.

[26] Vgl. Gilles Deleuze, Félix Guattari: *Tausend Plateaus.* Berlin 1997.

[27] Albert Camus: *Der Mensch in der Revolte.* Reinbek 2003, S. 315.

[28] Alle nicht kursiv – obgleich unter Anführungszeichen – gesetzten Dialoge sind Erfindungen des Verfassers.

[29] Ebd., S. 339.

[30] Giorgio Agamben: *Homo sacer. Die souveräne Macht und das nackte Leben.* Frankfurt am Main 2002, S. 97.

[31] Ebd., S. 100.

[32] Giorgio Agamben: *Ausnahmezustand.* Frankfurt am Main 2004.

[33] Giorgio Agamben: *Was von Auschwitz bleibt. Das Archiv und der Zeuge.* Frankfurt am Main 2003.

[34] Primo Levi: *Ist das ein Mensch?* München 2006.

[35] Giorgio Agamben: *Was von Auschwitz bleibt. Das Archiv und der Zeuge.* Frankfurt am Main 2003, S. 55.

[36] Giorgio Agamben: *Die kommende Gemeinschaft.* Berlin 2003, S. 9.

[37] Ebd., S. 79.

[38] Ebd., S. 13.

[39] Vgl. Corinna Milborn: *Gestürmte Festung Europa.* Wien-Graz-Klagenfurt 2006, S. 147ff.

[40] Corinna Milborn: *Gestürmte Festung.* S. 147.

[41] Platon: *Gorgias.* In: Sämtliche Werke, Band 1 (übersetzt von Friedrich Schleiermacher). Reinbek 2004.

[42] Hannah Arendt: *Über das Böse. Eine Vorlesung zu Fragen der Ethik.* München 2006, S. 70.

[43] Sigmund Freud: *Das Unbehagen in der Kultur.* Frankfurt am Main 2003, S. 87.

[44] Vgl. Alain Badiou, Slavoj Žižek: *Philosophie und Aktualität. Ein Streitgespräch.* Wien 2005.

[45] Platon: *Der Staat* (507a–509c). Übersetzt und herausgegeben von Karl Vretska. Stuttgart 2000.

[46] Maurice Blanchot: *Nietzsche und die fragmentarische Schrift.* In: Werner Hamacher (Hrsg.): *Nietzsche aus Frankreich.* Berlin/Wien 2003.

[47] Das Zitat wird hier in der Übersetzung von Werner Jäger wiedergegeben. Vgl. Werner Jäger: *Paideia. Die Formung des griechischen Menschen.* Berlin/New York 1973, S. 82.

[48] Aristoteles: *Nikomachische Ethik.* Übersetzung und Nachwort von Franz Dirlmeier. Stuttgart 2003.

[49] Aristoteles: *Metaphysik.* Übersetzt und herausgegeben von Franz F. Schwarz. Stuttgart 2000.

50 Aristoteles: *Nikomachische Ethik*. Übersetzung von Franz Dirlmeier. Stuttgart 2003.

51 Aristoteles: *Politik*. Übersetzt und herausgegeben von Olof Gigon. München 2003.

52 Aristoteles. *Die Nikomachische Ethik*. Aus dem Griechischen und mit einer Einführung und Erläuterungen versehen von Olof Gigon, 6. Aufl., München 2004.

53 Ebd., S. 212.

54 Gilles Deleuze, Félix Guattari: *Was ist Philosophie?* Frankfurt am Main 2000. S. 117.

55 Ebd., S. 6.

56 Ebd., S. 49.

57 Ebd., S. 97.

58 Vgl. Fernand Braudel: *Das Mittelmeer und die mediterrane Welt in der Epoche Philipps II*. Bd. 2. Frankfurt am Main 2001.

59 Heraklit B 108 (Dils). Vgl. Jaap Mansfeld: *Die Vorsokratiker I*. Stuttgart 2005, S. 257.

60 Ebd., B 37 (Dils).

61 Vgl. Wilhelm Berger: *Philosophie der technologischen Zivilisation*. München 2006, S. 79ff.

62 Die folgenden Dialoge sind vom Autor frei erfunden.

63 Heraklit B 61 (Diels). Vgl. Jaap Mansfeld: *Die Vorsokratiker I*. S. 261.

64 Vgl. Jannis Ritsos: *Gedichte*. Frankfurt am Main 1991.

65 Vgl. Martin Heidegger: *Beiträge zur Philosophie (Vom Ereignis)*. Frankfurt am Main 2003.

66 Nicole Münnich: „Titos tabuisiertes Hawaii. Zum Stand der Forschung über die jugoslawische Lagerinsel Goli Otok und zur Frage nach Aufarbeitung". Quelle (29.5.2008): http://www.fraumuennich.de/KommunismusforschungMuennich.pdf Dieser auf Fakten basierende Monolog Stanes ist eine Fiktion des Autors

67 Vgl. Slavoj Žižek: *Die politische Suspension des Ethischen*. Frankfurt am Main 2005.

68 Quelle (10.6.2008): http://www.gottschee.de/Dateien/Dokumente/Web%20Deutsch/ Wilhelm%20Lampeter/Ende101941.htm#

69 Jacques Derrida: *Von der Gastfreundschaft*. Wien 2001.

70 Vgl. Albert Camus: *Der Gast*. In: ders., *Jonas oder Der Künstler bei der Arbeit*. Reinbek 1998, S. 163ff.

71 Friedrich Nietzsche: *Unzeitgemäße Betrachtungen*. In: Gesammelte Werke. Bindlach 2005, S. 529.

72 Albert Camus: *Der Mensch in der Revolte*. Reinbek 2003, S. 344.

Literaturverzeichnis

Agamben, Giorgio: *Homo sacer. Die souveräne Macht und das nackte Leben.*
Frankfurt am Main 2002.

Agamben, Giorgio: *Ausnahmezustand.* Frankfurt am Main 2004.

Agamben, Giorgio: *Die kommende Gemeinschaft.* Berlin 2003.

Agamben, Giorgio: *Was von Auschwitz bleibt. Das Archiv und der Zeuge.*
Frankfurt am Main 2003.

Arendt, Hannah: *Über das Böse. Eine Vorlesung zu Fragen der Ethik.*
München 2006.

Aristoteles: *Nikomachische Ethik.* Übersetzung und Nachwort von
Franz Dirlmeier. Stuttgart 2003.

Aristoteles: *Metaphysik.* Übersetzt und herausgegeben von Franz F. Schwarz.
Stuttgart 2000.

Aristoteles: *Politik.* Übersetzt und herausgegeben von Olof Gigon.
München 2003.

Aristoteles. *Die Nikomachische Ethik.* Aus dem Griechischen und mit einer
Einführung und Erläuterungen versehen von Olof Gigon. München 2004.

Badiou, Alain / Žižek, Slavoj: *Philosophie und Aktualität. Ein Streitgespräch.*
Wien 2005.

Berger, Wilhelm: *Philosophie der technologischen Zivilisation.* München 2006.

Bhabha, Homi K.: *Die Verortung der Kultur.* Tübingen 2007

Blanchot, Maurice: *Nietzsche und die fragmentarische Schrift.* In: Werner
Hamacher (Hrsg.): *Nietzsche aus Frankreich.* Berlin/Wien 2003.

Braudel, Fernand: *Das Mittelmeer und die mediterrane Welt in der Epoche
Philipps II.* 3 Bde. Frankfurt am Main 2001.

Brinkbäumer, Klaus: *Der Traum vom Leben. Eine afrikanische Odyssee.*
Frankfurt am Main 2006.

Camus, Albert: *Der Mensch in der Revolte.* Reinbek 2003.

Camus, Albert: *Jonas oder Der Künstler bei der Arbeit.* Reinbek 1998.

Castro Varela, María do Mar/Dhawan, Nikita: *Postkoloniale Theorie.
Eine kritische Einführung.* Bielefeld 2005.

Deleuze, Gilles/Guattari, Félix: *Was ist Philosophie?* Frankfurt 2000.

Deleuze, Gilles/Guattari, Félix: *Tausend Plateaus.* Berlin 1997.

Derrida, Jacques: *Das andere Kap. Die vertagte Demokratie. Zwei Essays zu
Europa.* Frankfurt 1992.

Derrida, Jacques. *Adieu. Nachruf auf Emmanuel Lévinas.* München 1999.

Derrida, Jacques: *Einsprachigkeit.* München 2003.

Derrida, Jacques: *Von der Gastfreundschaft*. Wien 2001.

Descartes, René: *Meditationen über die erste Philosophie*. Stuttgart 1986.

Freud, Sigmund: *Das Unbehagen in der Kultur*. Frankfurt am Main 2003.

Hall, Stuart: *Rassismus und kulturelle Identität. Ausgewählte Schriften 2*. Hamburg 1994.

Heidegger, Martin: *Beiträge zur Philosophie (Vom Ereignis)*. Frankfurt am Main 2003.

Jäger, Werner: *Paideia. Die Formung des griechischen Menschen*. Berlin / New York 1973.

Levi, Primo: *Ist das ein Mensch*. München 2006.

Lévinas, Emmanuel: *Totalität und Unendlichkeit. Versuch über die Exteriorität*. Freiburg / München 2002.

Lévinas, Emmanuel: *Die Zeit und der Andere*. Hamburg 2003.

Lévinas, Emmanuel: *Jenseits des Seins oder anders als Sein geschieht*. Freiburg / München 1998²

Lévinas, Emmanuel: *Die Spur des Anderen*. Freiburg / München 1999.

Mansfeld, Jaap: *Die Vorsokratiker I*. Stuttgart 2005.

Marx, Karl: *Die Frühschriften*. Stuttgart 1953.

Milborn, Corinna: *Gestürmte Festung Europa*. Wien / Graz / Klagenfurt 2006.

Nietzsche, Friedrich: *Die Fröhliche Wissenschaft*. In: ders., Gesammelte Werke. Bindlach 2005.

Nietzsche, Friedrich: *Unzeitgemäße Betrachtungen*. In: ders., Gesammelte Werke. Bindlach 2005.

Platon: *Gorgias*. In: Sämtliche Werke, Bd. 1 (übersetzt von Friedrich Schleiermacher). Reinbek 2004.

Platon: *Der Staat*. Übersetzt und herausgegeben von Karl Vretska. Stuttgart 2000.

Ritsos, Jannis: *Gedichte*. Frankfurt am Main 1991.

Serres, Michel: *Hermes V. Die Nordwest-Passage*. Berlin 1994.

Spivak, Gayatri Chakravorty: *Can the Subaltern Speak? Postkolonialität und subalterne Artikulation*. Wien 2008.

Zizek, Slavoj: *Die politische Suspension des Ethischen*. Frankfurt am Main 2005.

Verzeichnis der Abbildungen

BILDNACHWEIS

www.blueplanetsail.de : S. 16, 125
www.earth.imagico.de (Bildautor: Christoph Hormann): S. 17
© Stiftung Haus der Geschichte der Bundesrepublik Deutschland: S 23
Wikimedia Commons: S. 28, 49, 69, 77, 83, 88, 90 unten, 91, 97, 98, 118
oben, 127, 130 oben

Der Universitätsprofessor und Moraltheologe Matthias Beck
betrachtet in seinem neuen Werk die existentielle, lebens-
entscheidende Dimension des Religiösen. Er beschreibt
Wendepunkte des Lebens aus naturwissenschaftlicher, psycho-
logischer und philosophisch-theologischer Sicht und holt das
Selbstverständliche ans Licht, das oft übersehen wird:
das Göttliche.

Matthias Beck
LEBEN – WIE GEHT DAS?
Die Bedeutung der
spirituellen Dimension
an den Wendepunkten
des Lebens

232 Seiten; 13,5 x 21,5 cm
€ 19,99
ISBN 978-3-222-13351-0

styria premium

Veröffentlicht mit Unterstützung des Forschungsrates
der Alpen-Adria-Universität Klagenfurt.

IMPRESSUM

ISBN 978-3-222-13383-1

sty ria

© 2013 by Styria premium
in der Verlagsgruppe Styria GmbH & Co KG
Wien · Graz · Klagenfurt

Bücher aus der Verlagsgruppe Styria gibt es
in jeder Buchhandlung und im Online-Shop

styriabooks.at

Covergestaltung: Bruno Wegscheider
Coverbild: Linda von Alten, Acrylcollage auf
    Leinwand, 100x100 cm
Buchgestaltung: Anna Caterina Wegscheider

Druck: Druckerei Theiss GmbH,
    St. Stefan im Lavanttal
7 6 5 4 3 2 1